我该怎么办？

班主任工作疑难问题解决方略

家校之间出现矛盾怎么办

赵福江　主编

教育科学出版社
·北京·

编　委　会

打牢班级的信任基础

中小学班主任工作几乎是纯粹的实践工作。"实践需要理论指导"是一种笼统的说法。这种说法是正确的，但对于每天忙碌在不断出现问题、必须立即解决问题的班级管理实践中的班主任来说，尤其是对于初入教职就担任班主任的教师来说，正确却无用。因为理论的"远水"并不能解决当下的"干渴"。班里每天都会遇到问题，遇到问题时"我究竟该怎么办"，这才是他们最需要的。有些人面向市场的嗅觉很敏锐，所以书店里摆满了专门向班主任提供如何解决问题的各种妙招、窍门、秘籍、战术、招法类的书籍。这类书籍有一个特点，非常像中医的"经方"，可帮助不方便就医的病人自我判断病症后自己抓药服用，故而也可称其为"药方"类书籍。然而，书到手后许多教师又会暗自存疑：为什么那么好的招法在我这里不好用呢？是我水平低还是这些招法有问题？

平心而论，这些招法（药方）本身并无太多问题。问题出在越是看起来"实用"的招法，作为一种教育经验，越是离不开其所产生的实践情境的框架性加持。就班主任工作经验来说，情境对经验（技巧）的加持程度与该经验（技巧）"看起来"是否更加实用成正比，与读者实际应用的"有效"程度成反比。即是说，当情境加持程度为满格时，人们便无法否认其百分之百的有效性，但其更换情境的可借鉴性最低；当情境加持程度减少为半格时，其操作有效性会打折扣，但其指导的广泛性则会增强；当情境加持程度消减为零时，其操作性便也随之变为零，但其普遍性指导价值却会增至最高，这通常被称为"理论"。

班主任每日每时都会遇到许多亟待解决的棘手问题，"我该怎么办"因此也就成为每位班主任每天都挥之不去的问题。对这个问题可从三方面来分析：一是"我"，二是"该"，三是"办"。"我"是实践者，是他人经验的借鉴应用者，有着与经验提供者不同的实践情境、个人经历和个性风格。"该"同时存在两个方向：首先是理想方向，指依据教育理想，让学生得到最大限度的发展；其次是恰当方向，指适应目前工作需要，把问题处理妥当。"办"是实操，指按岗位职责要求，切实解决当下棘手问题。三方面中，"我"最关键。离开了"我"，便无法评价一个经验的推广应用是否有效；离开了"我"，也无法准确评价"该"的方向和"办"的目标（问题的"棘手"程度与"我"密切关联）。由于"我"是随着经历和经验的累积而不断发生变化的，因此，"该"的方向和"办"的目标也都会随之不断发生变化而绝不会停滞在一个水平上。

以"我"为核心来看"该怎么办"，至少包含三个层次的意思。

第一层是求助，寻求方法、技术的支持，所针对的大都是具体问题的处理。该层次的需求者多为以初任班主任为主的年轻教师。他们急切需要前辈们就带有"常识性"的问题给予"常规性"方法、技术层面的操作建议。由于此类问题每天都会遇到，数量太多，导致在正式场合反而不好意思提问，他们需要的是"药到病除"的效率和效果，因此"药方"类书籍中的经验技巧就成为他们的案头必备。这类方法、技术在"常识性"问题情境下，对于初任班主任还是很有帮助的。只是，越好用的方法、技术，通常越具有很强的情境局限性，脱离具体情境的方法分享，同样具有应用的局限性，出现"好的招法在我这里不好用"的情况就在所难免了。

第二层是追问，寻求的是超越具体方法与技术的原则、原理性的概括，所针对的是经验的总结提炼和改造应用问题。该层次的需求者，多为具有一定实践经验积累的班主任。他们经历过很多教训，也从教训中汲取了相当的经验。他们希望能够对曾经的教训和经验进行理性盘点，希望获得超越具体方法与技术的原则、原理性认知。对案头"药方"类的经验技巧，开始进行批判性阅读，尝试剥离"药方"背后的情境以及个性化背景的框架性加持，进入了原则、原理性思考层面。经过批判性追问的"该怎么办"

的建议，通常就具备了较为普遍的借鉴、参考和应用价值。

第三层是反思，寻求的是适应普遍情境的通用解决思路，所针对的是班主任工作的原理和理论问题。该层次的需求者多为经验、教训都非常丰富也非常突出的班主任。丰富，指数量足够多；突出，指经验和教训都足够深刻。正如一位优秀班主任所言：每位优秀班主任都曾经"毁"过一个班。他们的思考深度已经远远超出了原则层面的追问，触及对人性、对教育价值、对世界观的思考，也触及对多元、多阶、多轮问题的思考。他们进入的是现代教师成长发展所应达到的实践反思的高阶思维境界。他们对青年教师提问的回答，通常是以"思路"而非"技巧"的方式展现，而且至少会提供两种以上的解决思路，用方法、技术的表述方式，大致相当于说："不仅可这么办，也可那么办，甚至还可通过如此这般的方式这样办。"这种解决思路其实已经进入了理论层面，理论层面的"怎么办"建议具有普遍适用性。

如果能从"我该怎么办"这套书的案例中读出上述三个层次的内容，说明读者已具有了实践反思的高阶思维品质。到达这个层次的读者，也许会得出一个更为简洁的结论：班级信任关系是一切问题的根源、一切工作的起点、一切问题解决的根本所在。

耿申

北京教育科学研究院

目 录

1

2

8

学生父亲教育缺位，怎么办？

9

学生家庭突然出现变故，怎么办？

10

家长总是干涉班主任工作，怎么办？

班主任与家长沟通不畅，
怎么办

沟通不换位，"战友"成"天敌"

如此沟通，肯定会障碍重重

和家长进行有效沟通，从而凝聚家长力量来教育学生，这是班主任的基本功。但有些班主任在与家长沟通时，总达不到预期目的，还闹得双方都不开心。

居高临下，导致家长反感。小方和同学打架，班主任张老师请家长到校协助教育。见到小方父亲，张老师简单介绍事情经过后，就指责家长平时对孩子要求不严，管教无方。家长唯唯诺诺地辩解了几句，说小方是一个非常老实的孩子，今天是一时冲动才……。话未说完就引发了张老师的雷霆大怒："你这样说就是我没管好你孩子啦！我看分明是家长纵容才会让孩子犯错的！真是有其父必有其子！"家长无地自容，双方不欢而散。学生犯了错误，班主任请家长一起探讨怎么教育孩子未尝不可，但应以礼相待。再说，犯错的是学生又不是家长，怎可对家长严厉指责。

小题大做，激化师生矛盾。只要班上学生犯错误，不管错误大小、程度轻重，王老师都要请家长到校。哪怕像作业没按时完成、偶尔迟到、打扫卫生时不负责等小事也要大动干戈，把家长从繁忙的工作中拉到学校。学生在学习、生活中出现各种错误在所难免，动辄请家长来学校，容易引起学生逆反、家长反感，与老师的期望背道而驰。

狐假虎威，显示教师无能。李老师班上有几个无法"镇住"的调皮生，他经常把家长当作救兵搬来助阵。家长到校后，班主任当着家长的面对学生大发雷霆，历数学生的种种"罪状"，希望家长和班主任"两面夹击"，把学生的"嚣张气焰"压下去。家长怕得罪老师，只好和老师一起批评孩子，并向老师致歉；家长虽然嘴上不说，心中却认为老师教育无方，也不想和老师就孩子教育问题深入交流。

仓促上阵，彰显师爱缺失。吴老师偶遇一名学生家长并聊起孩子情况，家长问的很多问题吴老师都不知道或说不清楚，使沟通陷入尴尬局面，也让家长灰心。吴老师对工作是否尽责，平时有没有关注学生，由此可见一斑。

以权谋私，引发家长藐视。每接手新班，周老师做的第一件事就是让学生把家长的工作单位和职务写清楚——周老师要"充分开发"和"合理利用"学生家长的宝贵资源。日后，有什么事情需要帮忙，有什么难题需要解决，周老师就会打电话给相应学生的家长。如果遇到非常棘手的问题，周老师还会邀请家长到学校来交流，然后不失时机地"无意"提出自己的难处，家长无可奈何又只能竭尽全力去帮周老师解决难题……。学生家长被周老师当成了为自己谋私利的"工具人"，有哪个家长乐意呢？

我们只有告别上述告状式、傲慢式、谋私利式等沟通方式，并在沟通中理解、尊重家长，让家长感受到老师对学生的关爱和期待，才能让班主任和家长的沟通顺畅。

（曹新民，安徽省宿松县阳光高中）

 案例

直面家长问题，正视"问题家长"

班主任要正确处理与各种类型家长的关系，预防矛盾发生。工作中，我把较难沟通的家长大致分成四大类，以求有章而又灵活、沉稳而又高效地做好与家长的沟通工作。

与"过度溺爱型"家长沟通

与过度溺爱孩子的家长沟通，以情与之共鸣是法宝。大扫除时，班上的水盆不够用，学生纷纷从家带水盆来。我发现小华拿了一个很小的水盆，根本就洗不开抹布，和她一组的同学都埋怨她，嫌她抢着拿水盆却拿了个不能用的。当天晚上，小华妈妈打电话给我，满是埋怨地说："孩子从小体弱，我哪里敢让她拿大盆啊，走路不安全，拿去盛水多了她也端不动。可是孩子回家不高兴地说同学埋怨她拿的盆小，拖了小组后腿。老师，孩子毕竟拿水盆了，你干吗不阻止其他学生，让他们别说小华啊。她回家就生气，我怎么也哄不好她。她最听你的话，你帮我哄哄她吧。"听了家长的话，我又好笑又好气：都上初中的孩子了，拿个大盆家长都如此不放心，孩子不高兴了家长就慌得求老师哄孩子……。但是转而一想，如果不是十分无奈，家长也不会打电话求救，再说这也是与家长沟通的良机啊。于是，我以一个普通母亲的身份和家长聊起了教养孩子的一些经验与困惑。由于角度一致，很快就与家长产生了共鸣，并且自然地将一些正确的教子方法跟家长做了交流。从那以后，小华妈妈经常给我打电话，主动与我探讨教育孩子的一些方法，小华也很快融入了班级大家庭。

与"放任不管型"家长沟通

许多家长忙于工作，对孩子的学习不闻不问，与他们沟通的技巧是充分利用他们好面子的心理。班上的小成活泼聪明但自律能力较差，在一次单元检测中，小成的成绩非常好，当晚我打电话给他的家长。电话接通，小成爸爸有些不耐烦地说："老师，我现在正忙，有事能否改天再说。"我立即说："我找您没有别的事情，只想告诉您，今天小成的测试成绩非常优秀，凡是优秀的学生我都会打电话通报家长。"电话那边传来小成爸爸欣喜的声音："谢谢您啊，老师。没想到这孩子还真给我长脸，我都没管他，他居然学得不错。"电话也不着急挂了，我顺着他的话说："是呀，这孩子真聪明，要是您管一管他的话，就更好了。""对，对，对，以后我一定好好管管他。谢谢您……"记不清他一口气说了几个"对"，也记不清他说了多少次"谢谢"。从那以后，他还会主动给我打电话询问孩子的情况呢！

与"脾气暴躁型"家长沟通

与"脾气暴躁型"家长沟通，让他尝尝碰壁的滋味是沟通的技巧之一。班上一个学生屡次不写英语作业，我打电话请家长来学校，想了解学生回家后的学习情况。不一会儿，一位家长怒气冲冲地闯进办公室，一把拖过我面前的学生，扬起了巴掌。我急忙挡在孩子面前，使那个巴掌卡在了半空。趁家长发愣之际，我又一把拉开学生，让他快回教室上课去。看着学生一溜烟地跑回教室，我回头问他是谁。"我是孩子爸爸。"我边摇头边说："你是代替孩子爸爸来的吧。请你回去，让孩子的爸爸亲自来。"这位家长立时急得满脸通红："我就是孩子爸爸，你怎么不信呢？""孩子亲爸爸哪有对孩子这样狠的，你那一巴掌要是打下去还不得把孩子打傻啊。""这……"孩子爸爸一时语塞，不好意思起来。我请他坐下，然后告诉他，我理解他恨铁不成钢的心情，可是优秀的孩子是鼓励出来的，不是打出来的。接下来我们的交流就轻松而融洽起来。

与"失去信心型"家长沟通

孩子的学习成绩持续落后，家长往往就会失去信心。和这部分家长沟通时，通过表扬孩子其他方面的闪光点来感染家长，往往能取得良好效果。新学期的第一次家长会，小雨同学的家长没来。我想这个学生升级的成绩是后几名，家长一定是对孩子失去了信心才不愿意露面的。于是，我就仔细观察寻找这个学生的优点。一天，我邀请家长到校，他妈妈一来就不停地说："老师，真丢人，养了这么个不争气的孩子……"我微笑着听她诉说对孩子的种种不满，直到她停下来，我说："小雨妈妈，您有兴趣围绕着孩子和我进行一场比赛吗？"小雨妈妈一脸迷惑地看着我，我告诉她我要和她比赛：她说小雨的缺点，我说优点，看谁说得多。结果小雨妈妈说来说去始终是孩子学习上的缺点，很快就说完了。我说的优点则范围广、方面多。小雨妈妈听着我不停地说着孩子的优点，不由得愣住了。我顺势告诉她，不能因为孩子学习不好就否定孩子的一切，应从孩子的优点入手，表扬鼓励孩子，让孩子把缺点转化成优点。这才是教育的成功。一席话说得小雨妈妈感叹不已、后悔不已。小雨妈妈决定以后给孩子更多的爱与鼓励。

所有家长都希望自己的孩子好。家长的这种心理，是班主任能够与各种类型家长成功沟通的基础。只要掌握恰当方法，双方是能够达到心理相容进而形成教育合力的。

（闫忠，山东省乳山市实验中学）

与强势家长持续沟通

七年级第一学期期中检测后，我拿着成绩单对照学生六年级的成绩，发现一个女生的成绩下滑非常明显。但是观察她的课堂和作业表现，却没有发现明显的问题。家长非常着急。在家长会后，家长冷言冷语地说孩子在小学时非常优秀，并暗示我的班级管理有问题，应对孩子的退步负主要责任。显然，这是一位强势的家长。面对家长的指责，我虽然有些不快，但也很希望找到这个学生的问题根源，否则，和家长之间的沟通就会困难重重。

这个女生爱读书，文笔很好；喜欢音乐，尤其是弹得一手好吉他，经常参加学校的文艺会演；写字认真，书写几乎让人挑不出毛病。但是我发现，在课堂回答问题时她虽然表现欲强烈，但是思维力并不深，而且在很多方面还保持着小学的学习习惯，没有适应初中的学习生活。初中不仅学科增多，知识量也增大很多，可她仍像小学那样仅凭小聪明学习，这种方式在初中很难完成学科要求。而且班里有才华的学生多了，她的展示机会就少了，尤其是老师的管理方式与小学区别很大，对此她感到失落，也影响了情绪。另外，她向家长述说的内容带有一定的片面性，增加了家长对班级管理的误解。

问题找到了，我觉得应该和家长相互配合，从改变孩子的意识入手，重点做好初中生活和学习习惯的培养。但是，当我与家长沟通时，家长竟认为我对问题的分析是对他孩子能力的贬低，是对孩子成绩下降责任的推脱。从家长极不耐烦的表情和带有情绪的表述中，我感到这样的沟通不会有好的结果，于是我请家长在第二天进课堂听课，希望家长能观察到孩子在思维方面和做笔记方面的欠缺。然而，听完课后，家长却认为是孩子的座位有点靠后，影响了听课效率。接下来，家长又一再强调孩子在家是如何认真复习功课的，家长是如何不断进行赏识教育的……

我忽然明白我和家长为何沟通不畅了：家长过于相信孩子的优秀和家庭教育的正确，思想上不自觉地回避了问题的关键，并将所有问题的责任盲目地推向了班主任的管理。而我将问题的根源总结为学生的学习不适应，暗示了孩子的适应能力差，间接指出了孩子家庭教育方面有问题，这让家长难以接受。与此同时，我也明白了家长过于依赖赏识教育、不断夸奖孩子聪明的做法，导致孩子的学习更多的是做做样子，以满足父母和自己的虚荣心，并以此不断获得家长对她"聪明""学习效率高"的表扬和奖励。这样一来，孩子在知识掌握方面不牢靠，成绩下降就是必然的了。

虽然主要问题找到了，但面对这样的家长我却不好明说，只好先从孩子作业的具体问题入手，委婉地提出我的看法和建议，并在学校特别关注孩子，具体指导她一些学习方法。一段时间后，孩子逐渐把精力从获得表扬转向了知识的掌握方面，学习态度也变得认真起来。在期末检测中，这个女生的成绩进步很大。家长也发来了感谢信，并对之前的"不愉快"表示歉意。

班主任和家长沟通不畅的原因有很多，有些问题不能指望一次性解决，尤其是面对强势家长时，更需要一个持续的沟通过程。班主任和家长的教育目的是一致的，沟通是为了更好地促进教育工作，解决问题，实现学生发展。只要班主任能够根据学生的具体情况和家长的特点，做好充分准备，就一定能取得良好的沟通效果。

（陈金凯，山东省东营市育才学校）

家校沟通要从日常生活做起

小信箱，大桥梁

三年前，一年级第一次家长会上，贝贝妈妈听我介绍贝贝在校表现后苦笑着对我说："贝贝不应受到表扬，她在家的表现完全不一样。"接着她述说了孩子在家如何挑食、如何自私、如何没有礼貌、如何懒惰……。听后，我简直不敢相信，在我眼里乖巧可爱的贝贝在家和在校的表现简直判若两人。

贝贝妈妈的话也引起了其他家长的共鸣。我知道，这个问题与班主任和家长交流不畅有关。怎样才能确保家校教育一致，使孩子获得真正健康、全面的发展？我已在这方面做了一些工作，班级建有家长QQ群，家长会和家访都按照学校的统一部署去做。现在看来，既然我们之间还存在沟通问题，那么现有的交流方式就有待改进。于是我与家长商量。有的家长说，校讯通和班级 QQ 群主要以通知为主，偶尔讨论的问题也是泛泛而谈，没有哪个家长会在群里真正揭自己孩子的短，这既涉及面子，也关系隐私；有的家长说，家长会和家访虽然是比较好的交流方式，但由于受到时间和次数的限制难以深度交流，特别是家长和班主任之间的信息反馈不及时。

经过思考，我决定采用最原始的交流方式——信件，进行家校沟通。我首先印发"致家长的一封信"，信中的内容主要是请家长配合将孩子在家的表现用信件的方式及时反馈给我们。接着我让每个学生在手工课上利用香烟盒制作了"小信箱"，信箱上写上自己的名字然后贴在一块展板上。每天早上值日生将展板放在门卫室，上课前再把展板收回到办公室。我和任课老师也根据学生在校表现，给有明显进步的学生写上评语，放在信箱里。放学家长接孩子时，会先看看老师是否在孩子的"小信箱"里放了纸条，若有，则由家长带回家。早晨家长送孩子时，再根据孩子在家的表现写封短信，放到"小信箱"中，老师利用晨会、班会时间，把家长的反馈信息读给全班学生听。

"小帆昨天晚上表现特别好，帮妈妈打扫卫生，给爸爸倒水，作业做完以后就休息了。大家为他的表现鼓掌。"……这种方法，使被表扬者有自豪感，听表扬者有羡慕感。第一天我念了三封表扬反馈信，第二天又收到了五封……。为了巩固成果，我开展了"每周之星"评选活动，并给予获奖学生适当的表扬。这项活动开展一个月后，我们做了三项统计：一是老师当月发给家长的反馈信份数；二是家长写给老师的反馈信份数；三是统计获得"每周之星"的人次。我将统计结果张榜公布在班级的宣传栏中，这不仅震动了我班学生家长，也引起邻班家长的赞叹。学期结束时，我将家长和教师的反馈信分别装订成厚厚的册子，并在任课教师中间传阅，使老师们对全体学生有更直观的认识。这两本反馈册使我们看到了家校双向反馈对孩子综合素质培养起到的作用，也使我们看到了孩子们的进步。

（朱红霞，安徽省滁州市第二小学）

案例

与家长沟通要"接地气"

学会用更"接地气"的方式与家长沟通，才能真正发挥出家校沟通的实效，实现学校教育与家庭教育的"步调一致"。

语言要平实

我们学校地处郊区，位于城乡接合部，学生父母要么在周围村庄务农，要么进城务工，文化水平普遍不高。了解到这些情况，在与家长沟通时，我特别注意语言的淳朴与平实，用唠家常的方式，用"村里"的语言与家长交流，营造出教师与家长之间和谐融洽的氛围。试想，如果在与家长的交流中，混杂着许多教育教学上的专业术语或新潮词汇，不仅会阻碍与家长的交流，而且可能引起家长反感，从而影响沟通效果。

事例要生活化

有些教师喜欢在家长会上列举事例，以佐证自己的看法或观点。不过，列举的事例却常常离家长的生活较远，这样的例子又怎么会引起家长的共鸣呢？应多列举一些身边发生的事例，如班里家长教育孩子的故事，办公室老师与自己孩子之间发生的事情，或者邻居好友身上经历的教育故事。这样的事例更贴近家长的生活，也会引起家长更多的思考。

道理要深入浅出

家长文化层次不一，水平参差不齐，教师在讲道理时要注意深入浅出，不要追求"高大上"。一位教师在与家长沟通时，为了引起家长对孩子日常行为的重视，侃侃而谈埃及金字塔留有汉字，美国公共场合用汉字书写提示"不要乱扔杂物"。这些看起来"高大上"的事例，不会引起家长的共鸣。而另一位教师却从孩子的家庭生活入手，请家长谈孩子在家里的表现，借机引出对孩子乱扔物品的担忧，提出养成不乱扔物品的好习惯的好处：一方面使家庭生活井井有条，家长不用追在孩子身后收拾东西；另一方面也会让孩子养成正确摆放物品、自己的事情自己负责的意识。家长听了纷纷点头。同样的道理，不同的表达方式就会产生不一样的效果。

（陶玉春，山东省青岛胶州上海西路三里河小学）

家校沟通要从关键环节抓起

磕掉的门牙

"老师，小豪的牙磕掉了！您快去看看吧！"班长气喘吁吁跑进办公室大喊。什么？我心里一惊，连忙起身跑到楼道里，一眼望见了满下巴是血哇哇大哭的小豪。顾不得多问，我拉着他一路小跑到了卫生室，结果是两颗门牙连根磕掉了。看着孩子哭肿的小脸，我心疼至极，问明事情缘由，原来是几个孩子在嬉笑打闹，不知是谁无意中推了小豪一把，就发生了这样的意外！

小豪的父母都在外地打工，他平时跟爷爷奶奶一起生活。给老人打电话时，怕他们着急，我尽量放平语气，让他们来一趟学校。不一会儿工夫，两位老人就赶来了。看到宝贝孙子成了这个模样，老爷子的火气一下子上来了，大声问我："董老师啊，到底怎么回事？"我赶忙说道："大爷您别急,我已经调查了,孩子们……""你说这事怎么处理? 我孙子都这个样子了! 我怎么和他爸妈交代? 到底是谁弄的? 是不是看我们是农村的好欺负?"没等我说完,爱孙心切的老爷子就用一连串质问打断了我的话,老大妈则在一旁不停地抹着眼泪。随后,不管我怎么解释当时的情况,老人家就是难以接受孩子牙齿磕掉的事实。

见此情境,我静了静心,快速调节了自己的情绪。我知道老人家上了年纪,如果情绪过于激动会造成不可预料的后果。在目前这种无法沟通的情况下,我不能再和他争辩什么了。于是我上前一步,一把抓住了老大爷的手,又挎住大妈的胳膊,说道:"大爷大妈,你们先坐下,喝杯茶,咱再慢慢说!"老人被我拉着手,实在不好拒绝,顺势坐在了椅子上。

我故意放慢动作,泡好两杯茶端给他们。(从心理学的角度上,在遇到紧张气氛时,稍留一段空闲时间,会让对方的气愤值降低很多)接着,我平心静气地对他们说:"我知道你们心疼了,将心比心,换成我的孩子我也心疼啊!"我看了老大爷一眼,他歪着头没说话,我接着说:"可是孩子们并没有打架,他们是在玩耍的时候发生了这样的意外! 刚才我给在医院口腔科的同学打了电话询问,校卫生室的老师也看了,他们说孩子还没有换牙,磕掉的是乳牙,以后不会耽误长新牙的! 你们放心好了!"听我这样一说,老大爷抬起了头,对孩子奶奶说:"对呀,咱小豪还没有换牙! 还会长新牙的!""是啊,是啊! 你看,我一着急什么都忘了!"老大娘的声音里带着一丝意外的惊喜。

这下轮到老大爷不好意思了,他满脸歉意地说:"董老师,你看,我不该……""没关系,你们的心情我能理解! 我以后会强调孩子们的安全问题,尽量不让这样的事情再发生! 孩子也受罪了,你们上了年纪千万不要再生气着急!"我望着他们真诚地说。

送走两位老人,我长吁了一口气,一场风波平息了。在平时的工作中,总会遇到这样或那样的事情,也会遇到各种脾气性格的家长,如果我们在与家长沟通交流时做到真诚友好,让他们深切地感受到我们是在真心实意地关心爱护他的孩子，那么我们的工作会更容易得到家长的理解、支持和配合。

（董凯歌，山东省临邑师范附属小学）

案例

关注孩子——良好沟通的基础

小进的作业又没做，不只是我所布置的语文作业，其他科目的也一样。要知道，为了防止这样的情况出现，周日早晨我还给他的妈妈发了短信，只是依然一点作用都没有。而这种情况，开学以来最少已经有过三次了。

怎么办？我决意邀请家长到学校一趟。只是隐隐有担心——据说，孩子家长不太好沟通，这在电话中我已有所感觉。我给了自己一个底线，不管怎样，做到心平气和地面对家长——相信，如果我能做到心平气和地面对家长，彼此之间的交流应该不会太尴尬的。

孩子的父亲如约而来，冷冷的，很提防的样子。

"不好意思，麻烦您跑一趟了。"我顺手拖过一把椅子，请家长坐下，"主要是想与您交流一下小进最近的一些表现。"

"应该的，应该是麻烦您。"客气话说着，但让人感觉不是那么回事，有点距离感。那就先拉近一点心理距离吧。

"小进这孩子，应该说是挺聪明的孩子，上学期的进步也非常大。"一般来说，家长不愿意一见面就听到老师提孩子不足的方面，那我就先提一些令双方都愉快的事儿吧，"上学期他的语文期末检测应该有 80 多分吧，有了很大的进步。"

小进家长有了一丝比较正常的反应："是的，我也感觉他上学期有进步。"

"我真挺喜欢这孩子的，平时啥都非常好，与同学相处得不错，干事也挺扎实的。"再强化一下这样的感受。而家长的态度，也在一点点地缓和下来："有一次与孩子聊天，他说挺喜欢您的。换了几个班主任，您应该是他最喜欢的。"不管是表扬还是奉承都不是什么坏事，至少，有这样的基础，我们之间的沟通会顺畅一些的。

"不过，这孩子就是有那么一点点的不足，自觉性不够强。"已经有了一定基础，我便开始接触到今天沟通的主要话题了，"每天早上我都是第一个检查他的家庭作业，发现他的家庭作业有时会空几题，有时会空一半，有时还会全空。孩子的态度挺好，怎么批评都会冲着我笑。但我想，如果总是这样不愿做家庭作业，时间长了对学习还是会有影响的。"

说到这儿，家长不好意思地向我解释道："昨天你发信息后，我特意给他看了，告诉他信息不是群发的，而是专门发给他的。结果今天中午问他，他的作业还是没做完。"

"没事，慢慢来，孩子的自觉性是慢慢培养的。我在学校盯紧点，但回家后您还是得辛苦一点儿，多检查孩子的作业有没有完成……"

话还没说完，家长就叹苦了："唉，我自己就没什么文化，孩子一、二年级时勉强能对付，现在他六年级了，好多题我也看不懂了。"

"没事，正确率的事儿交给我，您在家主要看看作业有没有做完就好。"既然家长提出困难，就给予应有的理解吧，"相信坚持一段时间，孩子会慢慢形成习惯的。形成习惯后，事情就好办多了。"

"好的，谢谢你。以后我一定尽量每天都检查他的作业，及时让他完成所有作业。在学校，还是多麻烦您关心了。"孩子家长说道。而我则感觉一阵轻松——一退再退，最终的目的就是听到家长的这份承诺。

"嗯，在学校我会多关注的，这也是我的责任。"目的达到，不再提更多的请求。其他问题，还是留到以后的沟通中去做吧，提太多请求，会破坏当下这种互信的感觉。"今天麻烦您跑了一趟，我相信这一趟不会是白跑的，只要我们都再多努力一点，孩子以后会更优秀的……"

前前后后，我与家长交流了二十多分钟，想沟通的问题获得了不错的效果，事先所担忧的情况并没有出现。

站在走廊上，目送孩子家长远去的背影，我不由得感慨：是的，所有家长其实都是在意自己孩子的。作为教师，我们只要在关注问题解决的同时，关注孩子的成长，就能让家长看到教师对孩子的在意，看到孩子进步的可能，看到教师的付出，家校之间的沟通就会变得顺畅而和谐。

（庄华涛，安徽省芜湖县湾沚镇第二小学）

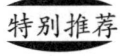

特别推荐

从三方面缓解沟通不畅问题

在当下的教育过程中，班主任和家长的沟通成为影响教育效能的关键。但是，教育现实却让我们时常因为班主任和家长的沟通不畅而紧皱眉头。一般来说，沟通不畅主要表现在：家长和班主任沟通的"抗拒性"，家长对教育的不解，抗拒与班主任的沟通；家长和班主任沟通的"消极性"，家长对教育的忽视，不太关心与班主任的沟通；家长和班主任沟通的"两面性"，家长和班主任对教育的侧重点的理解不同，家长的教育目标和班主任的教育目标南辕北辙。

作为一名班主任，我认为可以从以下三个方面缓解这一问题。

以专业为"源点"，做家校教育的指导师

和家长相比，班主任作为专业的教育者，应该在教育理念、教育认识、教育方式、教育内容和教育能力等方面优于家长，这才能成为家长的"教育依靠"，才能让家长在遇到教育问题的时候，第一选择就是与班主任沟通。

　　班主任应该表现出自己的专业素养，赢得家长的信任。从事学生教育工作不仅需要掌握更多的教育专业知识、多样的教育方式，更要懂得学生的心理特征和生理发展阶段特点，甚至还要了解每一个不同的家庭氛围下的学生表现。只有这样，才能看到学生问题背后的根源，才能透过教育现象看清教育本质，才能做家校教育的指导师，让家长信服，从而解决沟通不畅的问题。

　　呈现班主任的教育专业素养，一般来说要做到两个方面：一是明确教育中的职责，二是指导家长的家庭教育。明确教育中的职责，其实就是班主任和家长要分清学校教育与家庭教育之间的界限，要让家长明白自己在教育中该做什么，做到什么程度。譬如，培养学习习惯，家长该做什么，哪些交给老师，遇到问题时向老师反映什么，与孩子谈话时该谈什么。指导家长的家庭教育其实就是指导家长用合理的方式进行教育，做该做的事情。

　　这样的沟通，有效、明确，而且有较强的操作性，对于班主任和家长双方来说，都是需要的。如果能做到这样，当然就不会出现沟通不畅的局面了。

以学习为"支点"，做家校教育的同行者

　　在实施教育的过程中，班主任和家长一样，都应该不断学习。因为教育对象总是在改变，教育特质总是不同。在现实中，很多班主任认为自己是专业的教育者，忽略了学习；很多家长认为孩子是自己一手带大的，也足够了解，用不着学习。殊不知，不同阶段的学生，不同的环境影响，孩子的状态总是不一样的。基于这样的情况，班主任和家长都应该学习，班主任更应以此为支点，撬动自己和家长之间的沟通杠杆。

　　要做家校教育的同行者，班主任和家长的学习之路应该满足以下三个条件。

　　共同阅读，寻找沟通的方向。班主任引导家长阅读教育类书籍，寻找

共同语言，这是双方沟通的基础。很多时候，班主任和家长沟通不畅是因为对教育的理解不同，或者是教育思维方向的差异。阅读是最好的影响方式，可以让班主任和家长的教育思路逐渐靠近，在同一种理念的背景下，促进双方的改变。所以，我经常会给家长推荐教育类书籍，发送教育心得短信，邀请家长参加教育讲座，以此协调我们的教育理念。

共同实践，确定沟通的途径。阅读不是学习的唯一方式，在学习中，实践、反思都是不可缺少的。班主任要将家长引导到学校的教育实践中，激发家长和班主任沟通教育观点。班主任和家长之间有共同的教育对象，双方的教育话题就会落在实处。因此，我们专门设置了"家长课"，让家长定期来学校给学生授课，讲述自己的人生经历、当下工作、社会百态、励志成长故事等，在拓宽学生视野的同时，也架起了彼此沟通的桥梁，打开了班主任和家长沟通的通道。

共同反思，合作解决问题。教育是过程性的，每一次教育都需要不断地反思和再实践。所以，每一个孩子的成长过程都是一个"纠结"的过程，我们针对每一个孩子的成长问题都会这样思考："为什么会这样？好在哪里？还有哪些有价值的信息？下一步怎么走？为什么要这么走？"五个问题过后，我们基本上解决了当下的问题，并开始新的教育过程。当五个问题成了班主任和家长之间的教育支点之后，我们的沟通就不再有阻碍了。

以学生为"纽带"，做家校教育的推进者

沟通不畅，并不一定是沟通渠道本身的问题，还有可能是沟通内容和情感的问题。现实中，学生的相关问题就是沟通的内容，而教师的关爱就是沟通的情感。应该说，家长的心思在于学生的成长，如果班主任的视点也是学生的成长，那么班主任就将自己和家长联系在了一起。

但在教育中，有的班主任认为学生就是别人的孩子，因而忽视了学生的成长；有的以当下学生的不良表现为由，认为学生不可教；有的认为自己只要抓好成绩就可以了，于是忽视了学生的心理成长；有的觉得家长的

素质较低，不用沟通……，于是，就造成了各样的沟通问题。所以，班主任应该以学生为纽带，关爱学生的同时关爱家长，做家校教育的推进者。

一般来说，需要借助以下两种方式。

关爱，就是寻找学生的成长点。班主任关爱学生就是要看到每一个学生的成长点，为每一个学生的发展找到适合他的方式。基于多元智能理论，每一个孩子都有属于自己的优势智能，所以应该根据孩子的性格、兴趣等生理和心理特征，找到他们的特质，并引导他们走向成长。对于每一位家长来说，当班主任关注了自己的孩子，就是关注了他们的家庭，其实就是帮助了他们的发展。在我们班，每个孩子都有属于自己的个性化档案，其中有行为分析、学习分析、心理画等方面的个人资源，同时，我们还让每一个人分析自己的长处和不足，并确定自己的个性化发展方式。

关爱，就是帮助学生绘制成长的蓝图。学生的成长不仅仅是学习成绩的提高，他们的成长是多元的，是根据自己特长的多层次发展。我们的教育不仅仅是为了考试，更是为了未来人生的发展。所以，我们要以此为方向，帮助学生绘制成长的蓝图，确立成长的目标，树立未来的发展愿景。我们班的每一个学生都有不同的长期、中期和当下的学习计划；也有不同阶段的人生目标，以及实现目标的方式——"梦想五部曲"；还有"当下我最愿意的成长方向"，让学生选择自己目前的成长愿望。这些都是在关爱学生的未来，更是在关爱家长、关爱家庭。当我们以此为落脚点的时候，我们就推进了家校教育，在实践中也从未感觉到沟通不畅。

所以，我认为，班主任和家长的沟通不畅，从根本上看，有可能不是沟通途径的问题，和沟通的技巧也没有多大关系。而是需要在沟通的内容、沟通的情感、沟通的方向和落脚点上，反思更多。

（方海东，浙江省温州市第九中学）

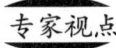

专家视点

论班主任与家长沟通的生命性

作为家校合作的核心构成，班主任与家长的沟通有着不可替代的意义。它是一个复杂的过程，难免会出现沟通不畅的情况。而烦恼于此的，不仅仅有班主任，也有家长。对此，要跳出就事论事的思维习惯，在新的立场、视角下，重新审视和解决这一问题。

我认为，沟通的基本前提是相互性和平等性，否则就是"训话""教诲""指责""控诉"。现实教育世界中发生着的班主任与家长的"沟通"，确实存在着家长"被沟通"的状态——而这正是诸多问题的根源之一。在面对沟通问题时，要超越个人中心、方法主义和点状思维，尤其不能直接归因到家长的"问题"方面，而是要回到关系、交往实践，以及更为整体的教育变革之中。

一 为人之生命质量提升而沟通

很多教师的稿件，无论是对案例的分析、问题的解析，还是对方法的探寻，往往都忽略了一个真实的问题：在家长的眼中、心中，班主任找家长沟通，意味着什么？基于经验，可以得出的结论是：孩子闯祸了、出问题了！在这样的预设或体验之下，沟通质量可想而知。

而班主任和家长为什么需要沟通？能否跳出"问题"处理的思路？是否有更为建设性、更为整体的"沟通"背景？

第一，沟通的价值取向是促进学生的健康发展。在这个意义上，班主任与所有或个别家长的沟通，机会、内容和形态是无比丰富的。从第一次家访、第一次家长会、开学典礼、班主任发出的第一条短信、见面的第一声问候开始，沟通就已经开始了。我与合作者的研究实践发现，基于国际对话的背景，中国教师与家长的沟通可以发生在教育教学的全领域中，并正在拓展到家长社群建设、家庭生活质量提升等方面。正是在这些丰富多元的沟通中，班主任有责任也要有能力就学生的健康发展问题，与家长达成共识，或至少形成明确的信息交流。如果没有这样的沟通之大图景，当面对一些棘手问题的处理时，班主任就不可能游刃有余——因为没有合适的土地，怎可能长出健康的幼苗？没有前期就立场与价值取向等进行的沟通，怎可能形成对具体问题的高质量解决方案？

第二，从学生的健康发展出发，班主任和家长都有权，并真实地启动了沟通过程，二者是命运共同体的成员。在家校合作中，教师很容易自觉或不自觉地形成强势心理，总想着要"指导"家长，甚至以"教育"之名，实则对家长进行"指责"乃至"羞辱"。其实，可怜天下父母心！父母对孩子的爱，是教师所无法比拟的；家长有着朴素的教育理解、真挚的教育期待，同样值得作为专业工作者的教师尊重乃至于学习。但如果不给家长发表自己教育期待与教育理解的机会，不给家长教育参与的可能，事实上就已经造成了"沟通"的障碍。为此，通过建构多元、丰富的沟通渠道，事实上是在化解可能的点状问题，更在生态意义上滋养班主任与家长的关系。

第三，基于教育的立场，与家长的沟通是班主任教育工作的具体构成，因此需要有专业性的视角、立场和素养。无论面对怎样的困难情境，班主任作为专业人员，理应体现出应有的克制与理性，应该追求教育资源的智慧开发，通过与家长的沟通，为学生创造健康的生态。更何况，更多的中国家长是尊重教师、敬畏教师专业性、愿意支持和配合教师工作的。班主任不仅仅要在沟通不畅中学会学习和发展，也需要在与家长沟通的便利与融洽中，保持专业发展的自知与自得。

第四，这一沟通具有发展班主任和家长的价值，成人的学习就在其中。

这超越了班主任的工作本身，而回归到个体的成长，是终身教育和学习化社会建设背景下的大势所趋。我曾大量接触中小学教师，感到不少年轻教师事实上非常需要增强向家长学习的意识和能力；同时非常成熟的教师，也会利用这样的沟通机会，引导、促成家长的发展，乃至实现文化引领。①而一旦建立起班主任和家长的良性沟通状态，家长和班主任的成长、情感发育乃至生命质量和人生境界的提升，就有了现实的基础。

⫷三⫸ 就人之生命成长之事而沟通

就更为具体的班主任与家长的沟通而言，需要考虑沟通的具体内容，这需要班主任注意以下方面。

成绩不能成为唯一。尽管在现实情境中，学生的学业成绩牵动着教师和家长的心，但是，如果班主任一直盯着学生的学业成绩，特别是一直盯着那些"落后"的学生，不仅不利于班主任工作的开展，而且很容易激化与部分家长的矛盾。在此意义上，班主任与家长的沟通，一定要超越"成绩中心"，而回归到学生综合、整体的发展上，回归到班主任所应有的关注内容与关注方式上。试想，当家长感受到班主任过度或仅仅关注成绩时，会如何理解班主任的专业性？当那些成绩落后（而且永远都有成绩落后）的学生的家长被"召见"时，会是怎样的无奈、失望甚至愤怒，进而迁移到自己的孩子身上？当学生一直生活在班主任对成绩的高关注之中，而缺乏高质量的班级日常生活时，学生会怎样认识作为教育者的班主任的尊严和价值？为此，有关学生学业成绩的话题，必须融入学生整体发展的目标体系和内容结构之中，这才是适得其所，也才能建构起班主任与家长的良性的沟通世界。

行为规范等问题不应被夸大。因为班主任承担着学生道德教育的使命，同时，当前学校高度关注学生的行为习惯、文明规范。因此，学生的道德

---

① 李家成. 在家校互动中实现教师的文化引领 [J]. 班主任，2014（7）：52-55.

行为甚至不包含道德因素的个体行为，往往会成为班主任关注的核心，进而成为与家长沟通的重要话题。而学生是成长中的人，在不同年龄段有着不同的身心发展特征，更何况很多学校的规范、要求，也并不一定都是合理的。在此背景下，如果班主任在与家长沟通过程中，过度"夸大"学生的道德问题，"上纲上线"，往往会激化师生矛盾，加大班主任与家长之间的认知差异和情感冲突，而不能为自己的教育留出足够的空间。

学会梳理，学会等待，学会取舍。班主任在与家长沟通时，是否要将所有内容事无巨细都呈现出来？其实这是难以做到的，因为时间、空间资源是有限的；这更是不必要的，因为学生的成长是复杂的过程，教育的过程同样是丰富多元、充满曲折的。我在参加上海市七宝实验中学班主任经验交流会上，曾听到一位班主任分享"睁一只眼，闭一只眼"的故事，让我大受启发。确实，班主任和家长一方面是直接的教育者，另一方面则是学生成长系统的领导者。为此，二者的沟通应该是聚焦核心问题，关注紧要问题，留出发展空间，梳理改进思路，以领导者而非操作工的方式来进行沟通。在一定意义上，"睁一只眼"容易，"闭一只眼"太难；但适度的"留白"，就是在为教育奇迹的发生提供空间。

三　以富有生命性之方式进行沟通

沟通毕竟是人与人之间的交往，而不是机器之间的物质或信息的交换与处理。为实现高质量的沟通，班主任需要敏感于沟通的方式，促成充满温情的沟通。

这需要精心创设沟通的情境，包括时间和地点的选择，沟通氛围的营造，以及必要的材料准备。就一些"敏感"话题而言，在办公室里，当着诸多同事的面，拿着一本本其他学生漂亮的作业本和这位家长的孩子糟糕的作业本与家长"沟通"，估计是最让家长接受不了的；但对于一些需要大张旗鼓表扬、庆祝的事，这样的情境则又是非常适切的。类似的情况，沟通中是否需要其他家长在场、是否需要学生在场，都要根据具体的沟通目的、内容而决定。不管怎样，班主任都需要有一份同理心，要记着自己的学生时代，感悟着自己的家长曾经如何感受与教师的沟通。

这需要促成沟通中的情理相融。人同此心、心同此理，沟通不仅仅是说理的过程，也是相互沟通情感、表达个性的过程。在教育过程中，我们会高度关注教师情感的表达能力，包括语言、体态、行为等；有关尊重、关心、体谅等教育思想，也是班主任耳熟能详的。而在班主任与家长的沟通中，学会倾听、学会表达、学会情感沟通，同样是班主任素养的重要构成。在各类具体的沟通实践中，来自班主任真诚的理解、对话、欣赏、赞美，都是沟通的催化剂。当然，这不是要求班主任学会"表演"，而是要求班主任回归到真诚、朴素的交往状态，体验自己喜欢怎样的沟通状态。在常州市的合作学校，教师邀请家长、学生参与到家庭作业的策划、开展和评价中，形成了"幸福作业"的项目。在极为丰富的教师与家长的沟通过程中，在促成学生学业、个性与社会性发育的同时，教师也深切体会到家长的可亲、可爱与可敬。[①]

这需要实现沟通的前移后续。无论是对于一项重大合作项目的沟通，还是具体到某些细节或问题的处理，班主任与家长之间的沟通都不应该是"一锤定音"，而需要有前期的准备和后期的延续。之前的工作可能会通过各类信息通信工具而实现，而事后的沟通更需要高质量的反馈和持续的资源开发。班主任心中需要装着学生和家长持续的发展和变化，然后不断地以反馈的力量介入学生和家长的发展之中。这样的沟通，事实上是可以延续终身的，也可以成为教师终身的财富——试想，对于全心全意爱着自己的孩子、促进孩子成长的教师，哪位家长不愿意全身心地尊重、接纳并与其合作呢？

也许，真实的沟通是具体、复杂的，但如果没有立场的清晰、内容的

---

① Huifen Gu, Lidan Yin, Jiacheng Li. Making Homework as the Catalyst of the Teacher-Parents-Children Collaboration: A Case Study from an Elementary School in China[J]. International Journal about Parents in Education, 2015（9）: 47-65.

明了和方式方法的自觉，也许会浪费掉更多的教育资源、发展资源，浪费掉更多生命的美好和精彩。

（李家成，上海终身教育研究院执行副院长，华东师范大学教育学系教授，教育部人文社科重点研究基地基础教育改革与发展研究所研究员）

2

家长不信任班主任，
怎么办

主动沟通，多方入手赢得信任

巧借微信，博家长"芳心"

许多班主任有过不被家长信任的经历，而一旦家长对班主任产生不信任，就会质疑其教育教学能力及治班管理模式，这不仅给班主任工作带来诸多麻烦，而且不利于实现家校协同育人的目标。班主任和家长只有互相信任、互相配合，才能助力学生的未来发展。

那么，班主任如何赢得家长的信任呢？在我看来，要取信于家长，贵在"行胜于言"。家长信任班主任，不仅仅在于班主任说了什么，而更在于班主任做了什么并取得了怎样的成效。随着微信越来越成为不可或缺的社交工具，班主任完全可以借助它，让家长们清清楚楚地看到你在工作上的努力和能力，实现学生成长直观化、班级建设公开化、家校沟通常态化，从而取得家长的信任，有效打造家校共同体。

管理家长微信群，架起家校沟通的桥梁

为了让家长充分了解孩子，支持和配合班主任，我在开学初诚邀家长们加入班级微信群。我在群中分享学生校园生活的照片，让家长在"有图有真相"中感受学生每天学习生活的紧张有序和老师工作的辛勤负责。同时，我利用微信平台的语音会话功能，推出"相约星期二"班级值周小结

直播活动。我们分了"点赞频道""吐槽栏目""温馨空间"三个栏目，由值周小组成员做好一周一次的班级管理小结，他们还会根据班级现状选取一个话题，进行三分钟的励志演讲，以评价、反馈和监督推进班级的自主管理。我班实行轮流值周制，所以每一个学生都有机会进行微信直播。借助微信直播进行值周小结，让家长们清晰地了解到孩子们的在校表现以及班级动态，感受到孩子们在参与值周管理、小结演讲等活动中的锻炼成长。同时，面对播报中提出的问题，家长们也可以及时与孩子沟通并进行教育。因此每周直播都能得到家长们的"围观"，反响非常好。有位家长给我留言："听到孩子那么幽默风趣地总结班级情况，那么流畅自如地进行演讲，真是没有想到！他在家里都不声不响的。我一遍遍地听，一遍遍地流泪，并把它翻录下来转发给了亲戚们，谢谢老师的帮助和教育，您辛苦了。"

通过家长微信群，我让家长们看到了我的带班模式和用心付出，与家长们的距离慢慢地拉近了，他们自然而然就会对我充满信任。

打造班级公众号，创设展现班级风貌的窗口

如果说家长微信群是一个分享沟通的桥梁，那么班级公众号则是一个展示提升的窗口。为了更大限度地激发学生自我成长、自我管理的内驱力，也为了全面展现班级精神面貌，让家长全方位地把握孩子所在集体的状况，我和学生们一起创建了名为"雪莲花儿开"的班级公众号，分为"梦想驿站""青春印迹""群星日志""凡师浅语"四个栏目。"梦想驿站"发布学生自主管理励志演讲的文章，"青春印迹"记载的是班级活动心灵启迪的体验，"群星日志"选取的是漂流日志温情互助的故事，"凡师浅语"则分享我在日常教育中发自肺腑的感悟。不定期推送的公众号文章，让家长们充分了解到我的治班理念和工作态度，也了解到我和孩子们在一起努力打造了一个有爱、有梦、有文化、有情怀的班级团队。

每每公众号一更新，家长们就纷纷点评和转发。学生们也为有这样一个展示自我的班级公众号而自豪，他们开始努力地提升自己、完善自己，

渴望自己的荣誉和作品能够有机会得以展示。我也不甘落后，认真地撰写着一篇篇"凡师浅语"。文后一条条的家长留言，让我深深地感动于家长们对我努力的肯定和鼓励。

班级公众号平台有效地拓宽了教育空间，有效促进学生的精神成长、教师的专业发展以及家校合作。家长自然对班主任充满了感激和信任，就算班主任在工作中偶尔出现一些失误，也能得到家长们的理解和宽容。

经营微信朋友圈，搭建展现自我的平台

要成为一个让家长信任的班主任，还需要不断地提升和展示自己的专业水平和个人魅力。因此，假如班主任有时间，不妨经营一下自己的微信朋友圈，这不失为一种让家长对你产生信任的方式。在朋友圈里，家长们可透过你的图片和文字来了解你的爱好追求、文采情趣、思想认识、价值态度等，只要你有勇气"晒自己"，就很容易捕获家长们的"芳心"。

在朋友圈里，你可以选择性地发布以下内容：听课学习收获、开课讲座体验、比赛获奖历练、读书观影感受、旅游运动心得、精彩作业呈现、突发灵感顿悟、生活独特思考……。这些关乎你的个人素养、人生态度和品格的话题，能够较好地体现出你是一个善于学习、积极向上、纯真善良的人，充分表明你具备了一名优秀教师的个人素养和才情。

比如，我暑期去永州市旅游后，在朋友圈配图发文《寂寞怀柳子》："永州瘴疠地，十年贬子厚。为解圣者意，辗转到此游。街上人寂行，桥下水空流。徘徊柳子庙，莫名生闲愁。"借助打油诗，表达出对古人的追思，得到了家长们的大量点赞。又如，有一天刚参加完演讲比赛又"无缝对接"开设市级公开课，我发了一则"所谓如释重负，就是在经历了双重压力之后，突然发现自己瘦了"的戏谑之语，也收获了家长们的大量"拥抱"。当家长们从朋友圈里真真切切地感受到我的人生态度和生活情趣后，他们对我的信任感就大大增强了。每每跟我交流沟通时，家长们都会很亲近、很尊重。而当我提出一些需要家长配合的要求时，他们也会很积极、很主动。

当然，玩转微信，只是建构班主任和家长良性关系的一种手段。心底无私天地宽，要取得家长信任的前提是班主任对教育事业的热爱与忠诚。只要我们真诚地热爱学生，不断地提升自己的专业素养，假以时日，一定能赢得家长们的信任！

（范芝芝，浙江省宁波中学）

共情共识，打破信任缺失魔咒

齐聚正能量，家校共成长

那年我中途接手了一个学习、卫生、纪律俱差的班级。这些我都早有心理准备，但让我万万没想到的是，学生家长对我极度不信任。有的家长毫不客气地跟我说："张老师，这个班以前状况百出，期待你能花点时间、尽点心，拿出教师应有的魄力来整治班级，让我的孩子能有个静心学习的环境！"有的家长在家长微信群里直言不讳地留言："又换了一个班主任，走马灯似的，不知这个老师会演一出什么戏？"还有的家长叹息说："抽签运气不佳，如果初一入学时抽到某某班就好了。""不知道这个班主任是不是又只干一个学期。"

看着家长一个接一个地埋怨、批评，我心里很不是滋味。为什么家长如此不信任班主任呢？经过分析，我觉得首先是由于班级不良状况太多，家长对班级、对班主任没信心；其次是班级氛围不佳，缺少正能量，学生又将负能量的东西传递给家长，让家长看不到希望；最后是家长没有正确地给自己的身份定位，不明白家长、班主任、学生是命运共同体，只有家长支持老师，老师支持孩子，形成一个"铁三角"，才是最佳的教育关系。看来学生和家长都急需注入正能量，为此，我做了以下工作。

营造班级正能量，让学生做家校积极氛围的信使

家长对班主任的不信任很多是来源于学生对班主任的不信任。一个班级有几十个学生，每个学生又各有特点。班主任只有了解他们、关心他们、帮助他们，成为他们的良师益友，才能获得他们的信任。我是这么想的，也是这么做的。

我利用班会课和学生 QQ 群，传递积极向上的正能量。我经常鼓励学生："我们班虽然现在落后，但是只要我们脚踏实地，奋起直追，完全可以通过努力成为后起之秀。我们要有精气神儿，要知耻而后勇，不能怨天尤人，更不能灰心丧气。我们可以从班级的一日常规做起，从点滴做起，从简单的打扫卫生、好好说话做起，一步一个脚印去进步、成长，这样，我们的班级就能蒸蒸日上。"当学生有不良情绪时，我教给学生排解的方法。我更提醒学生，坏情绪和负能量会迅速传染，要学会控制，不能"横挑鼻子竖挑眼"地指责班级这里不是、那里不对，而应该多说积极的话，传递积极的信息，采取积极的行动。当学生感受到我做的每一件事中的真情实意时，自然会对我报以信任。所以，即使之后班里出现一些不良现象，学生也会自觉地过滤掉这些不足，去看班级阳光的一面。经过师生一段时间的共同努力，班级的氛围开始慢慢地发生了变化。

事实上，当学生满心欢喜地将班级的正能量传递给家长时，学生就成为班级和家长之间良性沟通的信使，就是班级积极氛围的活招牌、活广告。家长看到自己的孩子如此爱护、依恋班级，赞扬班主任，自然会看到班级的希望，从而信任班主任。

传播家校合作正能量，让家长成为班主任的支持者

网络时代，大家似乎都习惯开启吐槽模式，一些家长也不例外。家长对班主任的吐槽很多时候并非出于恶意，而是"恨铁不成钢"。这时，班主任一定要胸襟豁达，不能和家长斤斤计较。为此，我通过家长会、家长微信群、电话向家长传达"批评很容易，建设才有意义""相信'相信'的力量，携手才有明天"等理念。

我在家长微信群里诚恳地对家长说："现在的班级问题确实不少，以前的班级工作也确实不尽如人意。这些问题我们不回避，要坦然面对。但是，如果大家只是瞅准问题穷追猛打，这于学生无益、于班级不利、于班主任也是情感伤害。长此下去，只会带来恶性循环，使班级越来越糟糕，学生问题越来越多，班主任也越来越没有工作的动力。倒不如各位家长积极主动地想想办法，协助我一起思考对策，密切配合我的工作，家校携起手来，一起并肩向着学生健康成长、班级健康发展的目标前行。"很多家长看了我发自真心的留言后，都表示赞同。不少家长都愿意积极配合我的工作，遵照我的要求尽力推孩子们一把，助班级一臂之力。

我相信家长是明理的。很多时候，他们不支持班主任的工作、不信任班主任，只是一时冲动而已，或者并没有认识到自己的一句话、一个行为给班主任带来的伤害、打击。这时，班主任稍加点醒，他们就会欣然接受。因为我们的目标是一致的，都是为了孩子。

强化班级管理，让家长看得到班级的进步

众所周知，"用事实说话"最能提振信心。而有效、有力的班级管理无疑可以让汇聚起来的正能量化为实实在在的学生成长、班级进步。

我采用民主竞选的方式重组了班委会，然后结合班级和班干部个人特点，给学生重新布置具体的工作，并适时地跟踪他们的落实情况。同时，

我还组织班干部每周召开一次会议，总结经验，直面问题，思考对策。针对班规不全面、奖惩不具体等问题，我和学生一起重新拟定班规，然后依班规来处理班级事务，做到了奖惩"有规可依"。对于一些长期破坏班级纪律的学生，我采用"靶向治疗"，各个击破。我和学生们约定开展"暴风行动"，从仪容仪表到卫生，从"两操"到纪律，每一个细节都以百倍的斗志去切实贯彻执行。

一个月后，"暴风行动"就见到了成效。我们班被评为"学校文明班级"。当我把这个好消息和家长分享时，有的家长说："张老师，赶紧拍一下'学校文明班级'的红旗给我们瞧瞧，我们家长从来没有见过呢！"更多的家长说："谢谢您，张老师，这个班级有希望了！"当我把那面流动红旗的照片发到群里后，家长一致点赞和喝彩……

无论遇到怎样的班级、怎样的困境，只要我们用一颗充满正能量的、勇于担当的心去做事，学生和家长就一定也会充满正能量，与班主任真正成为同呼吸、共命运的共同体。这样，家长又怎么会不信任你？

（张国辉，广东省珠海市金鼎中学）

案例

"晋级"之路，我邀家长同行

新学期我接手了一个九年级班级。虽然面临中考升学的压力，但在仔细研究了班级的现状后，我认为要想改变这个班在班风、学风中出现的问题，必须从学生行为习惯及品行的养成抓起。但令我没想到的是，我的工作引来了家长的疑虑和不信任。

发布光荣榜，"晋级"班群遇冷

针对班级纪律松散、学生习惯较差的问题，我推行了"军衔晋级制"，着力培养学生良好的行为习惯和自主管理能力。"军衔晋级制"就是将学生的各种行为表现进行量化积分，然后在晋级榜上张贴照片，使他们的表现可视化，从而促进学生良好习惯的养成。虽然只实行了短短两周，但班风、学风已经发生了明显的好转：迟到、说话、不认真听讲的现象少了，认真听讲、积极回答问题的多了；随地乱扔纸屑、课间疯闹、不交作业的少了，遇到老师能主动问好、见到垃圾能主动捡起、按时交作业的多了……。我相信在"军衔晋级制"的指引下，随着孩子们各种良好习惯的进一步养成，他们的成绩一定会有所进步。

一天，我拿出手机，对着贴满照片的晋级榜拍照，然后迫不及待地发到了家长群里。"家长们应该很高兴，因为每一个家长都能在晋级榜上找到自己的孩子。"我想着。

"梁老师，这是什么？是按孩子的考试成绩排的吗？"学优生小宇的妈妈很快在群里发了一条信息。

"小宇妈妈好，学生还没有月考呢！这是班上的晋级光荣榜，是按照孩子们在学习、纪律、活动、卫生等方面的表现积分晋级的，每个孩子都有机会晋级呢！"我回了一条信息，顺便发了一个笑脸。

"哦……"小宇妈妈欲言又止地发了一串省略号。

"？？？"小荣妈妈则发了一串问号。小荣是一个很听话的女生，虽然她的学习成绩不是很理想，但各方面表现都不错，所以照片贴在了比较靠前的位置。

随后，小荣妈妈给我发了一条私信："梁老师好！孩子读小学时，班主任就弄过光荣榜。现在他们已经是初中生了，还会对光荣榜感兴趣吗？光荣榜能够提高他们的学习成绩吗？九年级学生明年6月就要面临中考，我担心小荣上不了重点高中……。梁老师，我知道班里以前的整体成绩较差，因此才将班主任换成您。中考升学，分数才是孩子们的命根啊！恕我直言，请梁老师原谅！"

原想着我精心设计的晋级榜会收到家长们接连不断的点赞，没想到却收到了两个家长满是质疑的回应，我心里就像寒冬腊月吃冰棍——凉透了！班级群里非常安静，只有我刚发的照片和几句对话，我意识到，质疑的家长不止这两位。

我陷入了沉思。

召开家长会，"晋级"达成共识

既然实施"军衔晋级制"的出发点是为了孩子们，并且取得了明显的成效，那么学生行为习惯养成的这个抓手就没有毛病，就应该坚持下去。想到这里，我稍稍释怀了些。但对于部分家长对"军衔晋级制"的效果质疑和对中考分数的片面追求，我不能置之不理，家长是学校教育不可缺少的"同盟军"啊！

家长对班主任的信任一定是建立在有共识的基础上，可开学两周了，我还没有开家长会和家长认真沟通达成共识呢！我突然意识到了家长不信任的根本原因。于是，我连忙拿起手机，向家长们发出了家长会邀请函……

家长会前，我组织学生精心布置教室：地面干净整洁，桌椅摆放整齐，侧面墙壁上的晋级榜上贴满孩子们的笑脸，后面黑板是孩子们新办的以"感恩"为主题的黑板报，前面黑板醒目地写着"晋级榜，让每一个孩子都有出彩的机会——欢迎参加九（4）班家长会"。在孩子们的引导下，家长们陆续走进了教室，但教室墙壁上的晋级榜并没有引起家长们的关注。

家长会上，我首先介绍了我的带班理念和班级发展目标。我说，面临中考，家长们都希望孩子的成绩能有所提高，但"育分"首先要"育人"。不是所有学生都一定能升入省、市重点高中的，但是所有学生都能形成诚实守信、尊师孝长、文明礼貌等为人处世的基本素养。我强调，学会做人和做事，有良好的行为习惯，才可能带来包括成绩在内的各方面的进步，从这个角度而言，"育人"比"育分"更重要。接着，我向家长介绍了我们的晋级活动。

"家长朋友们，培养孩子们良好的行为习惯需要一个有效的抓手，这个抓手就是我们九（4）班的特色文化制度——'军衔晋级制'。"我指着墙壁上的晋级榜说，"我们选取中国人民解放军军衔中的 15 个等级，根据学生在学习、纪律、活动、卫生等方面的积分情况进行晋级，目的在于培养孩子们的良好行为习惯，提高孩子们的自主管理能力。'军衔晋级制'可以多维度发现学生的成长点，关注学生全面发展，提升学生核心素养……。每一个孩子的照片都能贴上晋级榜，每一个学生都有出彩的机会！"

我还告诉家长们："咱们家长在孩子的家庭作业记载本上签字并督促孩子认真完成作业可以给孩子加分，把孩子在家劳动、训练跳绳、坚持阅读等场景拍照上传至班级群也可以给孩子加分……"我的目的是让家长也能参与到晋级游戏里，让家长与孩子的成长同行。

我的"会做人，会做事，会学习"育人理念引起了家长的共鸣，许多家长一边听讲一边做笔记，甚至自发地为我的发言鼓掌。家长会结束后，家长们纷纷驻足在晋级榜前欣赏着自己孩子的进步。那一刻我知道，通过家长会，我和家长们已经达成了共识，那就是"育人"比"育分"更重要，而"军衔晋级制"就是一个很好的抓手。

家长会后，班级群里明显热闹起来。每天，家长们都争先恐后地将孩子帮助父母干家务活、认真写作业、坚持读书、训练跳绳等场景的照片"晒"出来。我呢，则会随时表扬表现较好的学生。

随着学生们因为在学习、纪律、活动、卫生等方面的进步而不断获得晋级，我会将更新的晋级榜及时拍照发到家长群里，家长们也会时不时地点赞。显然，家长们对"军衔晋级制"的兴趣还不够浓，或许因为刚刚结束的月考，班级整体成绩仍然不是很理想。但孩子们的进步我看在眼中，喜在心里：上学迟到的少了，不思进取的变了，课堂说话的没了，文明礼貌的多了……。我相信，孩子们行为习惯的改善，一定会带来学习成绩的进步。

举办开放日,"晋级"见证同行

第三次月考结束了,班级成绩由期中考试的略有上升到全面飘红,平均分名列年级第一。我决定利用家长开放日,让家长们看见孩子可喜的进步,彻底打消他们对晋级制的质疑和对我带班理念的不信任。

我在班级群里向家长们发出了盛情邀请,同时安排学生们在教室的内外墙上展出他们书写工整的试卷、作业、书法作品、设计精美的手抄报等。开放日当天,家长们或在教室外欣赏着孩子的作品,或在教室里听老师讲课。老师们授课精彩纷呈,孩子们听讲全神贯注。从家长们频频的点头和满脸的笑容中可以看出,家长们对孩子们良好的学习状态非常满意。时不时有家长们将目光投向教室墙壁上的晋级光荣榜,希望看到自己孩子的身影。但光荣榜上的照片我已经撤了下来——今天,我要让家长们将自己孩子的照片亲自贴到晋级榜上,让家长们和孩子一起感受进步的喜悦,见证孩子晋级的风采。

接下来,班长小樊汇报了大半个学期以来"军衔晋级制"的实施情况,特别是在"军衔晋级制"的指引下,班风、学风发生的可喜变化,以及许多学生在行为习惯方面发生的良好变化。他举了很多例子,如不再迟到的小璐,上课不再吃零食说话的小敏,认真擦黑板的小齐,认真倒垃圾的小威,认真管理墨水笔的小敖……。接着,小宇妈妈代表家长发言。她谈了小宇在行为习惯和学习态度上的可喜变化,谈了对班级所见所闻的感受,并表示一定会配合老师将"军衔晋级制"实施到底。

随后,我介绍了本次月考班级成绩取得的可喜进步,分析目前班级发展的状况、存在的问题和今后的工作安排。最后,我公布本周的晋级情况,并且邀请家长将自己孩子的照片贴到晋级光荣榜上。家长们认真地将照片贴到指定位置,然后按一按、摸一摸,一遍又一遍地欣赏着孩子成长的风采,并纷纷拿起手机对着晋级榜拍照。看得出,家长们的内心充满着荣耀感。

之后的日子里,我每发一次晋级照片,家长们就点赞如潮,纷纷给孩子们鼓励加油。偶尔一次照片发晚了，心急的家长还会私信提醒我。晋级光荣榜，搭起了家校之间信任的桥梁，建立了家校沟通的纽带。我知道，是一致的教育目标和良好的教育成效让家长消除了质疑，充满了信任，选择了同行。

（梁远雄，湖北省襄阳市第三十九中学）

将心比心，融化坚冰重获信任

坚冰可化，信任可期

初一新生入学了，这在我看来是最快乐的事了，因为又能从头带一群新生一步步成长，我很享受这个过程。正当我满怀期望时，却遇到了小华和他那不一般的妈妈。

开学以来，每天的班级日志上都写着：小华上学迟到、作业未完成、课上趴桌子睡觉……。我平时观察到的也是小华的习惯很不好，完全跟不上学校学习生活的节奏。我有些着急：必须跟家长联系了，了解一下这个孩子为什么会这样。

设身处地，尝试理解

我通过微信把班级日志上记录的情况反馈给小华妈妈。可没等我进一步询问，小华妈妈马上回复说："徐老师，我想跟您说一下，小华的确有时候会趴桌子，但是他并没有睡觉，只是偶尔闭一下眼睛。这记录班级日志的同学座位在哪里？看得清楚吗？他怎么就能确定小华一定是在睡觉呢？这样的班级日志不是客观事实，有失公正，我觉得冤枉小华了……。徐老师，我以前也做过一年的初中老师，对教育还是很了解的。我建议您改变教育方式，点亮一颗心，真正良性地影响学生，这才是教育最高的礼赞！希望您能尊重小华，并关心学生的心理健康……"

这样的激烈反应令我很是惊讶：小华妈妈直接忽略了小华其他方面的表现，比如未交作业、迟到、跟不上学校学习生活节奏等，只揪住孩子趴桌子睡觉这件事，怪罪同学记录有失公正，对从未接触过的我这个班主任更表现出极度的不信任。这些不像是一个成熟的成年人的做法，这是我从教多年从未遇到过的情况。

开学伊始，各种工作千头万绪，我无法马上与家长面谈。于是，我想：先冷却一段吧，不硬碰硬，也许小华这段时间的表现是偶然情况，家长不想让老师对孩子留下不好的印象才会有这样的反应，再观察一段时间看看……

国庆节假期之后，我又收到小华妈妈的信息："徐老师，我想还是先跟您沟通一下：昨天班会课上，您奖励假期读书优秀的同学，这是不妥的。小华和其他没有得到奖励的孩子会怎么想？用这种方式把学生分出等级，恐怕有失教育的公正。把学生按学习成绩进行分层，这有违教育的初心，没有哪一个孩子应该被明确或暗示地表明被放弃……"

又看到这样的指责，我心中自然不快，这位妈妈对我和我的教育方式没有任何了解就这样下结论，不但对我不公平，而且对孩子的教育更没有好处。不过，我转念一想：越是这样，我越应该试图理解家长为何会这么做。天下没有哪位母亲不希望自己的孩子成才，看到其他孩子得到奖励，自己孩子没有，肯定会失落，只不过这位母亲直接跟我表达罢了。但开学一个月了，小华的情况并没有改善。因此，我认为应该借此机会就对孩子的教育问题和这位不一般的母亲正面谈谈自己的看法了。

于是，我回复小华妈妈："小华妈妈您好，对于老师留的阅读作业，小华一本书没看，摘抄一笔没写，所以自然无法获得奖励。如果像您所说的所有孩子都给奖励，那么这个活动就没有意义了。我觉得您可以问问小华，什么样的同学获得了奖励，他自己认为没有得奖的原因是什么？努力改正自己还没做好的，争取下一次得奖岂不是更好？对于这次奖励，我的初衷是奖励学习过程和努力程度，并非成绩和结果，不是给孩子们分等级，更谈不上要放弃谁。您认为呢？另外，您这样关心孩子的教育，我很高兴，如果您有时间，我们可否面谈？"我坦诚地解释了我的教育理念，并发出了见面邀请。但是，小华妈妈并没有回复我。

充分准备，争取主动

日子过得很快，转眼期中考试结束了，马上要迎来第一次家长会。我凭着多年的经验围绕小华做了许多工作，但孩子的情况并不见好转。同时，小华妈妈依然不断地对我的班主任工作投不信任票："徐老师，班级按照什么标准来排座位呢？""我的孩子只是趴桌子，并没有睡着，而且他也没有妨碍其他同学，将其写入日志并扣分会不会让他逆反？""青春期的孩子，有自尊，也有人格，没有孩子天生就是差生，师长的鼓励和信任很重要……"

班主任的工作是烦琐复杂的，小华妈妈的有些信息，我没能及时回复。终于有一天，小华妈妈在信息里告诉我："如果徐老师不能够按照我的建议进行改变的话，我要去找你们校长，和他好好聊一聊，你们学校这样的教育方式是完全不合理的。"

做班主任十几年，我接触过的家长很多，但是像小华妈妈这样不信任班主任工作的家长却很少遇到。通过与小华的聊天和依据多年家校沟通经验，我试着去还原小华妈妈的心理状态：自己曾经做过一年老师，自认为了解教育；高学历背景，重视孩子的学业和成长；但因为孩子的状态总不如意，心理落差明显，自己可能对此也心有余力不足。因此，一旦老师反馈孩子的问题，她就会过分敏感又排斥抵触，这样的防御心理导致了对班主任的质疑和挑剔。经过一番思考，面对即将到来的第一次家长会，我心中有了几分把握。

家长会如期举行，我着重谈了我的教育理念和对这个年龄段学生教育引导的重点。我一边介绍班级的管理方式，一边告诉家长这些举措的目的和已取得的成效；一边分析班里孩子们的性格特点，一边告诉家长孩子每个成长阶段家长应该注意什么；一边展示班里和往届学生的进步成果，一边诚挚邀请家长帮我出谋划策、加强合作。听着我的分析和建议，家长们或若有所思，或点头称是，最后报以热烈掌声……

推心置腹，赢得信任

家长会后，小华妈妈特意留下来找到我。我迎上去笑着说："小华妈妈，今天终于见到您了。我知道您有很多话要说，其实我也是。咱们早就应该见面，但是我也知道您平时工作很忙，经常出差。我呢，也很忙。但我们都很关注孩子们成人、成才！"小华妈妈听后点点头笑起来，完全不像给我发信息时的态度。我继续说："之前您的信息我都看到了，您一定可以理解，班主任的时间是碎片化的，要管理学生、上课、备课、批改作业、跟学生谈话、开会等，我还有一个刚刚上小学一年级的儿子要辅导和陪伴，所以有几次我回复您信息不及时，请您谅解。"听到此言，小华妈妈脸上露出不好意思的神情，说："徐老师，我以前也做过老师，知道老师的辛苦，是我说话急躁了，您别介意。"我表示完全理解她的心情，并说："您给我的意见和建议，我认真看了，也思考过了，我知道您也曾经当过老师，有教育感悟，您也一定理解在教育上没有规矩不成方圆，而我们这么做就是为了培养孩子良好的行为习惯，这是一切的基础。"

我并没有具体说小华的问题，因为这些情况小华妈妈一定从孩子上小学时就都了解了，我只需要让家长先认可我，卸下防御，肯接近我、信任我，那么才能继续探讨具体的问题。果然，小华妈妈接过话："徐老师，其实不瞒您说，我一直以为您对孩子有看法。刚才家长会上听了您的讲话，我就已经放心了一大半儿。我之前给您发微信说了这样那样的建议或意见，现在看来的确失之偏颇，有些要求和辩解的确是不对的。"之后，她顿了顿，看到我一直微笑着听她说，就似乎又鼓足了勇气说："其实我儿子上小学时就有趴桌子的毛病，老师总批评他，罚他站，后来干脆把他放到单独一排。小孩子都有自尊心，这样一来，他更变本加厉地趴桌子睡觉，干脆不学了。作为家长，我真的心痛、着急。所以七年级开学后，我一看到班级日志上记录他有趴桌子睡觉的情况，就急着辩解，真是担心再像小学一样，给您和其他任课老师留下坏印象，那样我就得再煎熬三年！您不知道，之前的日子实在太痛苦了……"小华妈妈越说越激动，流下了眼泪。

不出所料，小华妈妈不信任我的症结果然起于对孩子的担心和曾有的经历。看着她难过落泪的样子，我拉起她的手说："您的心情，我非常理解，因为我也是一个母亲，我也有一个儿子。但是，作为母亲，我觉得最应该做的，除了关爱孩子的日常起居之外，更多的应该了解孩子、帮助他成长。孩子有缺点和不足，这很正常，但咱们不能讳疾忌医。如果您不相信我，那么我教育孩子不仅没您这个帮手，还会畏首畏尾，这才是最糟糕的结果呀……"小华妈妈听了我的话连连点头。

之后，我表示我一定不会放弃孩子，会多鼓励孩子，帮孩子爱上学校、爱上学习。小华妈妈听了我的这番话，眼泪又落了下来。这回我知道，她心中不敢信任我的那块坚冰已然融化……

家长会后，我收到校长转发的小华妈妈发给他的信息："尊敬的校长，今天家长会很成功。我和班主任徐老师交流得挺好，我为小华感到幸运，为学校有徐老师这样懂教育、能体谅人的老师点赞……"

作为老师，我们对任何一个孩子都不能有偏见，无论他们的表现在现阶段如何不尽如人意，因为引导和帮助学生是我们的责任；同样，对任何一位家长也不能心怀抵触，无论他们表现出对我们如何不信任甚至指责挑剔，因为家校合力才能完成对孩子的教育。也许在我将来的教育生涯中还会碰到类似的情况，也许以我的工作能力无法对每件事都给出完美的解决方案，但我相信，只要我秉承谦和、诚恳的态度，时时反思自己的工作、理解家长的心境，那么就没有融化不了的坚冰。

（徐速，首都师范大学附属育新学校中学部）

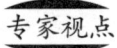

家长不信任班主任怎么办？

俗话说：人无信不立，事无信不成。班主任在学生及家长中若没能获取基本的信任，将是一个最大、最严重的问题，特别需要高度重视、认真应对和积极改善。

在中小学，班主任是很容易得到家长信任的，因为家长们普遍认为，班主任是值得托付的专业教育人士，比自己更懂得孩子以及如何教育孩子。也正因为如此，有一些家长也会走向另一个极端，就是把教育的责任完全丢给班主任，自己甩手不管，而当班主任的工作与自己的希望或想法不符时，就会产生对班主任的不信任感和片面挑剔，甚至毫无理由地兴师问罪。在这些方面，学校和社会都需要做必要的教育、引导和宣传工作。

近些年来，多数家长已经从热衷于选学校逐渐向选班主任转变，这是家长对待学校教育逐渐理性化的表现。家长选择班主任，是以信任为前提的，但所谓的信任也还需要家长们亲自验证和体会。如果班主任不是家长选的，而是学校分配、安排的，浅层的信任是会有的，但深层的信任就要靠班主任建立或培育了。

家长对班主任的信任可谓家校真诚合作的思想和情感基础，也是事关学生教育成败的关键，因为家长和班主任的共同目的都是更好地培养学生。在班主任肩上，这是沉甸甸的责任和嘱托，也是需要家长积极参与和分担的工作。我们既要分析这些责任和嘱托的合情、合理、合法性，也要探索信任建立的机制、方法和可行性，为班主任工作的顺利开展提供支持与参考。

一

通常，家长对班主任信任的建立或破坏，都是因具体事情而引发的。所以，班主任要意识到，家长对班级工作的开展，以及对班主任如何处理各类学生问题等，都是非常关注的，其相应的体验也会千差万别，由此引发的信任与不信任也都是常态。如果班主任在教育中能秉持公正，对学生一视同仁，善于理解学生的困难，积极主动地为学生排忧解难，有意识地与家长主动沟通，尊重家长的意见并善于合作推进教育的开展，能将教育的道理讲明讲透，便容易赢得家长的信任。反之，一旦家长觉得班主任在班级管理中有违教育的基本原则，就会产生对班主任的不信任。当然，其中不乏因误解或信息不对称而产生的误判。

近年来曾出现过这样的现象，家长因对教育的认识和期待不同，也容易就不同的目的或愿望对班主任产生信任或不信任。比如，班主任严格管理，有些家长会产生不信任，认为班主任对自己的孩子过于苛刻和挑剔，是不喜欢自己的孩子；而另一些家长认为老师管的宽松不是好事，是老师不敬业，因而也会产生对班主任的不信任。所谓的宽严取舍，不仅和学校的教育计划有关，也与班级当下的具体教育过程有关，而非最终的教育效果。家长急躁或不专业的判断不仅会影响、干扰学校、班主任的具体教育工作，还可能搅乱整个教育的观念和规范，受害的最终还是学生。

对班主任而言，家长的所谓信任，就是家长个体或群体对班主任在心理和情感方面的认可，他（们）对班主任的工作很放心，因而也不会计较班主任具体的工作方法或态度。反之，若没有这种基本的信任或认可，家长就很容易在心理和情感上产生偏激的想法，对班主任的言行和教育工作处处计较，甚至"鸡蛋里挑骨头"。可见从某个角度看，要想做好班级工作，取得家长的普遍信任，扭转可能出现的个别不信任状况，对于班主任而言是十分重要的。因一时一事产生的不信任是可以通过真诚交流和充分沟通化解的，而由种种原因形成的家长"不信任"的定式或普遍现象就属于严重的问题，需要班主任、年级组以及学校高度重视，并在准确判断问题症结的基础上，及时通过各方面的工作使之转变或改善。学校领导要充分意识到家长对班主任产生不信任，绝不仅仅是班主任个人的事，而是学校必须要给予关注的主要征兆，也可能问题就出在学校对班主任工作的要求不合理、不恰当、简单僵化等方面。

出现家长不信任某位班主任的情况（家长与班主任有争执还不属于不信任，也可能是因为信任才有争执），对于学校和班主任群体而言，一定不能意气用事，与家长形成简单、激化的对立，而要认真地分析是因什么事情引发的不信任，是一位家长的不信任还是一批家长的不信任，是因一时情况产生的不信任还是不信任由来已久，特别要加强与起关键作用家长的交流，找准引发问题或冲突的节点，积极化解已有的误解和矛盾。

在学校中，班主任、科任教师、年级组、学校管理部门等，都需要协同配合（防止扯皮、推诿、不负责任和相互拆台），为解决好家长和班主任之间的信任问题提供全员的与组织方面的支持、保证，并意识到做好这些会直接影响班主任的工作成效，关乎对学生的教育能否产生正向的效果。

在多数情况下，家长对班主任的信任是学生对班主任信任的间接体现；反之，家长对班主任不信任，道理亦如此。虽然二者之间不能简单地画等号，但其中的关联不容忽视。所以，对于班主任而言，争取家长信任的第一步，应是取得全班学生的普遍信任，他们的信任与教育的直接效果紧密相关。遇到个别学生或家长对自己有误解时，一定要直接、及时、充分地交流，而不能听任矛盾加大或复杂化，不能只站在自己的立场看问题，不体谅学生和家长的想法与心态。

家长对班主任信任的建立，除了因为班主任的身份和职责之外，还因为家长对学校信任、对教育界信任的迁移。家校间因有些问题产生的对立，或许是由家长对学校、对教育主管部门的不信任引发的，而不一定是对班主任个人的不信任，对此需要特别分清。如果是前者，班主任可以以诚相待地加以说明，家长也会理解教师的苦衷，更充分地配合班主任的工作；而如果是后者，则可以通过学校、学生的帮助、配合，加之与家长真诚的对话交流，进而可将误会解除。

一般而言，家长对班主任最大的、最容易产生的不信任，会源于班主任对学生的不公平、不公正。如果在这个底线上没有问题，班主任和家长之间有关教育方式、方法的争论或对立都是容易调节或化解的。因为，家长最看重的对班主任的质疑是其人品如何，其次才是教育的水平、方法和经验等。

要知道，具体的家长是形形色色的，而组织起来的家长——家长委员会——更能理智地对待家校、家长与班主任之间的矛盾。所以，不仅学校应该积极筹建家长委员会，班级也可设立家长委员会（已有不少学校这样做了，效果很好）。有了兼顾班级所有学生权益的家长组织，个别家长的不理智言行也会得到遏制、劝解和改善。要意识到，在学校的组织中和范围内，学校、教师是教育方的代表，学生、家长、家长群体是受教育方的代表。双方似乎立场不同，但目标和期待是完全一致的。有了共同的目标和期待，信任是可以建立、保持和深化的。有了信任，不仅学生在校期间，家长对班主任有信任，即便学生毕业离校之后，不少家长依然会把班主任当作最可信任的教育参谋或人生导师。

至于班主任的工作性质和职业身份，学校和社会需要对家长讲清楚：他们不是个别人的保姆，而是班级所有学生的倾听者、教育者、关怀者、引导者和管理者。学生在校时，班主任作为学生最直接的"间接监护者"，是有责任与家长配合做好学生的教育和安全保护工作的。但孩子教育的成败、是否能达到家长理想的程度，不是仅凭班主任一己之力就可以把握或实现的，家长也有不可推卸和必须承担的责任与义务。校长、科任老师、年级组长等要向家长介绍班主任工作的权限和局限，让家长不要对班主任提过分的要求，干扰他们的日常工作，还要支持家长委员会参与学校和班级管理，为班主任当好帮手和参谋。

　　如果班主任与家长或家长与班主任不会沟通，就会在语言交流方面经常出现误会。现在 QQ、微信方便了，但交流反而不直接、不充分。许多家长认为，家长的作用仅是领任务和听从安排，他们的诉求未能得到充分的尊重。久而久之，因缺少充分沟通积淀下来的不信任就会增长，处理不好就会出现连锁反应、情绪化和过激矛盾，对此班主任和学校应有充分认识。

　　长期以来，许多有成就的班主任都认为，家访是争取家长配合、建立双方信任的重要方法。通过家访，不仅能了解学生的家庭综合情况、生活环境、以往受教育的经历，更能在教育理念、教育方法、教育目标等方面与家长建立共识，争取家长在各方面给予帮助或配合。有些班主任感到班级人数多、自己没精力，做不到普遍或全员家访。其实，通融的办法也有很多，比如联合其他班主任分片家访，培养和要求学生干部参与家访，请家长来校深入交流（而不是简单告状或让家长陪着学生听训）等，都可以达到较好的交流沟通目的。

　　如果已经出现家长对班主任不信任的情况，也不要焦躁着急，而要认真分析，弄清楚为何产生不信任：是因信息不对称，还是家长道听途说，或是因学生的偏激反应而产生误解，也可能源于对过去班主任的误解。找到问题和原因，局面就容易扭转。

　　班主任与家长之间产生误会、出现不信任，需要班主任做必要的解释工作，需要学校的相关组织（如年级组、思政部门等）积极配合，也需要班主任通过实实在在的行动和工作，从头开始建立信任。切不可一味站在学校、教师的立场上强调客观理由，忽视家长（学生）的意见和想法。班主任工作实实在在的变化与改善更能赢得家长的尊重和信任，而就事论事的辩解或一味地为自己开脱都会适得其反，难以得到家长的真正理解。

　　在一件事上产生的不信任，不必仅从这件事上寻求解决的路径和方法，而要因时、因地、因人制宜地做好现实和未来的工作。比如，有些家长的误会或不信任来自选优、任命班干部等，而建立信任的努力除了可以改善以后的选优或班干部任用流程外，还可以在学习、学生社团工作、演出、体育比赛、各类成果展示等方面找到更多、更好、更适宜的平台和机遇。班主任还要意识到，信任的建立常常是双向的。班主任在这些方面的努力，可使学生和家长感受到老师的信任，并会不断构建他们对班主任的信任。

要特别注意，在不同学段和学生不同的年龄阶段，家长对班主任的信任是会有差别的。比如在小学阶段，家长若无特殊情况，对班主任的信任几近盲目；而到初中阶段，学生正当青春期，在学校和家庭中均有较强的反抗性，也容易使班主任和家长在教育上产生分歧或误会；到了高中阶段，学生进一步成熟，但独立性、自我意识的加强也使班级与家庭的教育容易出现摩擦。有些家长根据自己以往受教育的经验，认为学校中的竞争很残酷，不能让自己的孩子吃亏，他们对许多教育中的问题颇为敏感，也容易与班主任产生矛盾，如果处理不当还会激化矛盾，也会产生不信任。

班主任要知道，家长的信任不是凭空而来的，而是需要我们用实实在在的工作来支撑和强化的。在我们的肩上，家长的信任是沉甸甸的责任和托付。这些责任和托付有些是合情合理的，有些则是不符合实际的，我们要依理、依法甄别，也可以和家长面对面、真诚地交换意见，争取形成共识。要让家长知道，教育学生、为孩子好，是班主任和家长的共同心愿或努力方向，而心愿与方向的达成是需要共同努力的，需要双方携手合作、有所分工和侧重，又要有耐心和宽容。班主任和家长都应该了解，双方相互间的信任对教育学生至关重要，而信任最重要的产生机制就是尊重、理解和沟通。

作为班主任，赢得家长的信任对我们来说是非常必要的，但我们不能消极地迎合某些家长的不合理要求，而是要相信广大家长对学校、对班主任的信任是建立在理智、合法和正当需求基础上的，是以正确思想和真诚交流做支撑的。我们需要家长的信任，但最终目的并非仅仅取得信任，而是通过值得家长信任的努力工作，为学生的全面健康发展做好服务、做好引领，让家长和社会满意，为国家和民族培养合格的公民与栋梁之材。

（程方平，中国人民大学教授）

3

家长不配合老师的工作，
怎么办

不轻慢：尊重家长是合作的前提

相信家长都会为孩子的前途着想

作为老师，遇到过分溺爱孩子又特别护短的家长是很头痛的，我处理此类问题的经验是"相信每一个家长都会为自己孩子的前途着想"。

高一开学不久，小东的家长就来学校大闹一场。当我到办公室时，小东的家长正对着年轻的班主任发威。经过了解，我知道了事情的原委。

原来，上体育课打球时，小东被小鹏撞了一下，两个人发生了冲突，当时被同学拉开了。事后小东从校外找朋友教训了小鹏，小鹏不服气，也找了几个同学来警告小东，结果小东害怕了，就告诉家长自己被人欺负了。家长很生气，找到班主任，要求处理小鹏，还批评班主任工作做得不好，让她的孩子的安全受到威胁。听到家长的指责，班主任对有关情况做了解释，对她的孩子也提出了一些批评。家长一听老师说她孩子不好，就与班主任大吵起来。别的老师过来劝解，她就和劝解的老师吵。班主任还告诉我，小东平时表现就不好，开学时间不长，已经多次出现上课说话、不交作业、迟到、欺负同学等问题，而家长很溺爱孩子，每次班主任向家长反映情况，家长都护着孩子，不是说别的学生不好，就是批评班主任的工作做得不好，这对班级管理造成很大影响。

我把家长请到我办公室坐下，为她倒了一杯水，让她慢慢说。在她说话的过程中，我除了偶尔询问外，只是听她说，不解释，更不反驳。这对问题的解决是十分重要的，有时候人需要的就是倾听。等她的情绪发泄出来，问题就好解决多了。

在她叙述的过程中，我也知道了她家的大概情况。这位家长能力很强，年轻时就出去打拼，和丈夫一起创下了不小的产业，后因丈夫感情出轨，两人离婚。她很爱自己的儿子，为了要到儿子的抚养权，她放弃了财产。离婚后，她带着儿子经过几年打拼，又做出一番事业。由于整日忙于工作，顾不上关心儿子，所以她对儿子有求必应。在她叙述的过程中，我发现只要谈起她儿子好的表现，或者说起别人夸她的儿子，她就很开心，而只要别人说她儿子不好，她就不高兴。

等她叙述完，情绪安定下来，我心中也有了底。我对她说："您是一个事业心很强的人，也是一个很爱孩子的母亲，我很敬佩您对孩子的爱心。我知道您对孩子寄予了很大希望，为孩子的成长付出了许多心血。我希望您能够认真分析一下事情的原委，我们总能找到解决方法，并且这个方法对您儿子以后的发展有好处，特别是能让您的儿子学会如何处理此类问题。我们可以设想，如果万一您的儿子被人打伤了，就算您能够找到说法，那又有什么用？如果您的儿子打伤了别人，那也要赔偿人家呀！您肯定比我们所有人都希望您的儿子好，您比其他人更关心您的儿子。"

看到我耐心地听她叙述，听到我赞扬她的事业心和对儿子的付出，感受到我是真正关心她的儿子，她慢慢消除了抵触情绪，还主动说了儿子平时的一些问题，和我一起探讨教育孩子的方法。最后，她十分高兴地离开学校，还表示以后会向我请教孩子的教育问题。后来，每当对孩子的教育产生困惑时，她就会给我打电话，节假日还会发来短信问候。

其实，每一个家长都希望自己的孩子好。遇到不愿意听别人说自己孩子不好的家长，老师们要耐心倾听家长叙述，不要急于反驳，对孩子存在的一些问题不要急于解决，特别是要相信家长，要让家长感到老师确实是为他们的孩子好，这样大多数问题才能得到妥善解决。

（周建洋，江苏省清江中学）

理性"四问"赢得家长心

在我的工作中，很少遇到家长不配合的情况。我是靠什么赢得家长们的热情支持呢？一句话，理性"四问"赢得家长心！

一问该不该

家长有义务教育好孩子，但对于他们是否尽到义务、怎样尽义务，我们没有监管的权利。所以，我们没有资格对家长呼来唤去，没有理由让家长无条件配合我们的工作。如果说教师有对家长的引导的话，那也只是体现在教育学生方面。

只有同时具备以下三个条件，我们才能够要求家长必须配合：一是学生问题发生的地域主要在校外；二是学生问题发生的时间在学校教育时段之外；三是学生问题发生在老师没有失职而家长有失职的情况下。除此之外，我们要想得到家长更多的支持和配合，要靠平时多在家长和孩子身上进行情感投资，要靠提升令家长信服的专业素养，这些才是与家长建立真正合作关系的基础。

所以，当我们要求家长配合时，要先问一问自己：这件事中，家长真的有责任吗？我有充足的理由麻烦人家吗？

二问有无必要

面对一个"问题学生"，即使我们有充足的理由请家长配合，也要再问问自己：有必要麻烦家长吗？离开家长，靠自己的专业能力，能够解决吗？如果自己再努把力就可以解决问题的话，就不要麻烦家长了。我宁可借助学生的力量、同事的力量和学校领导的力量，也不轻易麻烦家长。因为家长也有自己的工作，也都挺不容易的。

当遇到困难需要家长配合时，我们要扪心自问：到底是为了教育孩子，还是为了自己工作省力抑或是推卸责任，甚至是为了出一时之气？

三问有无效果

如果情况特殊，有理由也有必要请家长来，我们还要再追问一下：家长来了，能够解决问题吗？让家长参与进来之前，我们要根据家长的身份、文化素养和其他客观条件，对教育的效果做初步判断。有的孩子，当老师都拿他没办法时，家长早就没办法了。有的是敏感问题，家长可能产生很强的排斥情绪，这时只要家长不来添乱就行，如果主动邀请家长参与，有可能让问题变得更加棘手。

当我们判定，家长的参与对问题的解决确实有效时，才能做出请家长来校的决定。

四问怎么办

在做出请家长来校的决定后，也不要急于通知家长。我们要先考虑具体怎么做，就像上课需要备课一样——请家长也要备课：通知家长时的语言、家长来学校的时间、会面的地点、陪同人员、学生的资料等，都要充分考虑和准备，更要对相关问题进行研究，以便给出令家长满意的专业建议，切实帮助家长解决问题。

当然，让家长配合老师的工作，要与请家长到校区别开来。家长配合我们的形式是多样化的，不要将其单一理解为请家长到学校来；不要把能够请来家长当成家长配合，也不要把不能请来家长视作家长不配合。

总之，请家长，要在理性思考之后，而不是感情用事之时。

（靳增果，河南省汝州市蟒川镇任村小学）

不放弃：改进沟通方式和技巧

案例

遭遇不配合的"老总"时

我曾有个学生叫小陈，在学校大错不犯、小错不断。他父亲是某单位"老总"，手下几百人。我几次给陈爸打电话，他都说自己忙不开，草草说上几句就挂，一直不肯面谈。

我仔细分析后得出，他确实很忙，但不至于连见一面的时间都没有。不想见面主要是因为"面子"问题，在单位能管几百人却管不了自己的孩子，可能是羞于见老师或以前因为孩子的问题挨了不少批评，有不好的体验。

怎样才能让他愿意和我见面呢？我灵机一动，想到，作为老总，找他办事的人一定很多，我何不"求"他一回？于是，我打电话给他称有事相求，电话中不便说。听说我有事相求，他也不好意思拒绝，就定了个合适的时间在学校见面。陈爸的言谈举止很有派头，一见面就豪爽地表示，有什么需要尽管说，他一定尽力而为。我也开门见山，说只有一事相求，就是和他一起教育小陈。一句话，他就明白我请他来的意思了，他的情绪一下子变了，刚刚那自信的神情一扫而空，取而代之一副打了败仗的样子。

我并没有列举小陈在校的种种"劣行"，而是挑出他的优点和进步的方面向陈爸做了汇报。比如小陈积极帮助同学，为班级作贡献，生物学得还不错等。我的表扬显然出乎陈爸的意料，他的紧张情绪和防御神经慢慢松弛下来。我的沟通初战告捷。

听了我的表扬，陈爸有些不好意思，坦诚地说他已经很久没有听到或看到孩子的优点了，以前每次和老师见面都是受一顿批评教育，很丢脸，可孩子又说不听、打不得，后来自己就只好逃避了。接下来，陈爸敞开心扉把苦水一股脑儿地倒了出来。我也不失时机地把小陈最近的在校表现向他通报了一下。同时指出，逃避不是解决问题的办法。对孩子的教育切不可疏忽。如果放任自流，就可能造成无法挽回的后果。对于这一点，陈爸也表示十分担心。我趁热打铁，给他提了一些教育建议，比如，简单粗暴的方法对于小陈肯定不会有效果，只有多关心孩子、让孩子感受到家长的爱才可能教育好他。孩子都上高中了，还能在身边待几年？一定要陪孩子走好这关键的一段。听了我的建议，陈爸很是感激，紧紧握住我的手，表示一定按我的方法，用心管教孩子。

（赵莹，黑龙江省鸡西市第一中学）

好家长也是夸出来的

小聪是我班上一个不太引人注意的孩子，性格内向、学习拖拉、随性散漫、比较贪玩，父亲长年在外，母亲每天晚上都出去打牌。母亲可能是丧失了信心，对儿子的学习基本不管。然而有一次，我在批改小聪的周记时发现他这样写道："这两天心情好极了，特别是星期一晚上，平时天天出去打牌的妈妈破天荒地为我做了几个爱吃的菜，吃饭的时候还问这问那的。我一打听才知道，原来今天老师打电话表扬我了……"看到这里，我不禁想起前几天小聪课堂作业做得不错，我一时兴起给他母亲打了个电话，没想到却让母子俩开心了好几天。难道老师的一个报喜电话对家长和学生能有这么大的作用？能不能利用这件事，让小聪的母亲有所改变，多花点时间陪儿子呢？说干就干，我立刻拿起电话打给他母亲，向她讲了小聪近日在校的种种好表现，最后委婉地建议她晚上少出去打牌。听到小聪母亲爽朗的笑声，我知道我的目的达到了。

一个多星期以后，根据班上的实际情况，我和几个家长商量决定开一个小型家长会，地点就设在小聪的家里。那天晚上，大家围在一起共商教育孩子的大计。其间，有的家长或自我批评，或自我反思，有的家长向我和其他家长请教教育孩子的经验。在讨论过程中，我不失时机地向他们推荐小聪的母亲，说她教育孩子很有一套。小聪的母亲有点不好意思，说这都是老师的功劳。我也不失时机地说了一句："孩子健康快乐地成长离不开家长和老师的共同努力。"家长会结束后，小聪的母亲拉着我的手一直在说着感谢的话，我也当着大家的面高度赞扬了她对孩子的付出和对我工作的配合。最后我又把小聪叫了出来，当着他的面表扬了他母亲，并让他母亲晚上好好监督他。小聪的母亲爽快地答应了，小聪的脸上也洋溢着开心的笑容。

之后，一发现小聪有进步我就会用不同方式向他母亲报喜，表扬她，并且给她提出一些合理化建议；我也一直通过和小聪谈话了解她母亲的最新动向，一有问题就马上想办法解决。

渐渐地，他们母子都发生了可喜的变化：小聪在期末考试中一下子进步了十几个名次，人也比以前活泼多了，还变得关心集体和同学了；他母亲也很少出去打牌了，几乎每天晚上都在家里陪着儿子，开始真正关心孩子的学习了。

学期末，全班学生一致评小聪为"学期进步标兵"，于是我拨通电话，让全班学生给小聪的妈妈报喜……

我们常说好孩子是夸出来的，其实好家长也是夸出来的。

（徐忠，江苏省张家港市南丰中学）

案例

在"变"中赢得家长支持

新接手的一年级班里有个叫小雨的女孩，每次作业她都写得最慢、最费力、错误最多。

于是，心急的我一发现她有家庭作业完不成的情况便给她家长打电话、发短信，要求家长加强辅导，可家长每次都是嘴上答应得好好的，行动上却没有改变，孩子的情况也总不见好转。到后来，电话打多了，家长不是不耐烦就是抱怨——"我又没有读过什么书？那些拼音我自己都弄不懂。再说，我也实在没时间辅导她。我们家这样的条件，我只能天天起早摸黑地干活，让她吃饱穿暖。至于学习好坏，就只能看她自己的造化了。"

原来，小雨的家庭极为特殊——父亲在她一岁时去世，哥哥现在读高一，两个孩子都由打零工的母亲抚养，生活确实不易。

面对懵懂无知的孩子和无奈又无助的家长，我开始反思自己的做法，并尝试从以下三个方面改变沟通方式。

变要求为帮助

一天放学后，我随小雨来到她家，先向她母亲表达了自己的关心和理解，然后推心置腹地和她讲一年级起步阶段学习的重要性，讲如何养成良好的习惯，讲学校和家庭要形成教育合力，讲小雨的特点以及适宜她的教育方式……

那次谈话持续了将近一个小时。临走时，我们约好我每天抽出 20 分钟辅导小雨的拼音，家长负责辅导课文朗读和生字默写。

变告状为祝贺

我不再等小雨出现问题时才联系家长,而是每当小雨有一点进步,就通过短信以祝贺的方式告诉家长:"小雨今天举手回答问题了。""小雨今天上课没有被点名。""小雨独立完成了作业,只错了一道题。""其实小雨很聪明呢,加油啊!"……

变死盯成绩为关注成长

我不仅和家长谈孩子的成绩,还在生活上更多地给孩子关爱。天气变冷了,我送给孩子衣物;孩子迟到了,我主动向家长询问;遇到困难时,我热心帮助。对此家长深受感动。

渐渐地,小雨母亲成了最支持我工作的家长,小雨每天的家庭作业都能按时完成。在我们的共同努力下,小雨有了一些进步。逢年过节,我也总能收到来自小雨母亲的祝福。

(陈迎,湖南省岳阳市岳阳楼区岳城小学)

不独断:巧借外力转变家长

让家长"教育"家长

班主任难免会遇到家长不配合的情况,这既是挑战,也是一次磨炼自己的契机。笔者的实践经验是借助"外力"达成目的。

记得那是三年前，通过全体学生投票，班级成立了一个摄影兴趣小组，目的是用镜头记录班级、学校以及社会上的好人好事，当然也包括一些"阴暗面"。小陈对此积极性非常高，报名参加了兴趣小组。

没想到，小陈的爸爸却反对他参加，理由是中学生的主要任务就是学习，学习不好，其他一切都是枉然。而搞摄影是歪门邪道、不务正业，参加兴趣小组会耽误孩子的学习。所以他极力让小陈退出摄影兴趣小组。见状，我没有直接与陈爸爸申辩，而是以班级学生的实例和家长的现身说法，让他口服心服。

在随后的家长会上，我请两名参加摄影兴趣小组的学生及其家长分别谈了自己的体会与感受。一位家长在发言中说道：自从孩子参加了摄影兴趣小组，不仅拍摄了许多有意义、有价值的照片与同学、家人、老师、朋友分享，还参与了"春节里，我眼中的农民工""难忘的世博会记忆""小眼睛、大世界"等摄影比赛，获得了市、区级金奖和二、三等奖，有的照片还被报刊采用，这对他的学习，特别是写作帮助很大——参加摄影活动增加了接触社会的机会，比一般同学见多识广，一些新颖、鲜活、耳闻目睹的事情成了他写作的素材。可见，参加摄影兴趣小组，不但不会耽误学习，相反对学习还有促进作用。

这位家长的话使陈爸爸深受触动，在思想认识上有了较大改变，开始抱着试试看的心态，同意小陈参加摄影兴趣小组活动。

在老师与同学的指导、帮助下，小陈进步很快。一学期后，他拍摄的反映班级生活的作品在市级比赛中获得了第 3 名的好成绩；原本写作水平一般的他，已经有 2 篇文章在省级报刊上发表，还有 1 篇获得了区级二等奖，由此也带动了他的语文成绩的整体提升。

实践证明，让身边的人现身说法，会增强教师工作的说服力，也是转化家长态度，进而使家长积极配合教师工作的法宝之一。所以，当家长不配合教师的工作时，不妨借助"外力"，用好学生家长的资源，这样就可以很好地达成目的。

（程彩娟，安徽省蚌埠市第八中学；蒋美丽，安徽省五河县张集中学）

不讳错：积极改正挽回家长信任

"不配合"背后的机会

"咚咚咚"，教室里传来一阵急促的敲门声。我习惯性地说了声"请进"，推开门的不是学生，而是小伟的家长，只见他怒气冲冲地说："徐老师，你出来一下。"我心里一紧，出什么事了？看到家长的态度，估计问题不是马上就能解决的。于是，我安排好学生上自习后，就去见家长了。

我还没开口，家长就生气地说："你的班规合理吗？"

我一愣，说道："您说说，有什么地方不合理？"

家长说："中午小伟没有佩戴胸卡，被学生会查到了。听孩子说，班规规定，不带胸卡，每次要给班级每个学生买一个雪糕。这一算，得花掉 25 元钱。"

我连忙解释说："我们的班规是经全班学生表决通过后执行的，你儿子也举手了。"

"这是要花家长的钱，我怎么不知道？"家长生气地说。

我刚想顶他一句，可转念一想，家长的话也不无道理，对学生违反班规的教育惩戒，需要家长出钱啊！

想到这里，我连忙微笑着说："也是，这个真应该跟家长说一声。您先回去，晚上我再和您联系，至于雪糕嘛，先不用买了。"

送走家长后，我利用课间休息时间，与班干部谈论了班规的教育惩戒方式问题。他们也感到教育惩戒的确有些"苛刻"，表示同意修改、完善。我们便利用一节自习课，修改了班规中不够"人性化"的地方。

当天晚上，我与家长通了电话，把修改班规一事向家长做了说明。家长听后非常高兴。在随后召开的家长会上，我又组织家长讨论了班规。

在执行班规问题上，家长给了我一个"下马威"，但仔细想想，家长的不配合是有原因的：一是班规制定得不合理。班规是班主任管理班级常用的抓手，但在制定时一定要充分考虑可执行度。对于很难执行，让家长感觉很为难的，甚至是体罚、变相体罚学生的条款，就应该取消。二是要做好家校沟通。班主任要和家长形成教育合力，就要经常与家长沟通，让家长做好班级管理的参谋。比如，在制定班规时，一定要充分考虑家长的意见，给家长逐条讲解制定目的以及对培养孩子的好处等，这对于修改班规、执行班规、教育学生、家校配合等，都是大有裨益的。

家长不配合班主任工作时，我们要多从自身找原因，看一看我们的工作方式、方法是否存在问题，存在哪些问题。如果的确是自己的原因造成了家长的不配合，我们必须向家长坦诚地承认错误，求得家长的谅解，获得他们的支持。问题解决了，以后的家校配合就会更加顺畅，"坏事"就会变成好事，家长的配合也就在情理之中了。

（徐永晨，黑龙江省齐齐哈尔市泰来县大兴镇中心学校）

特别推荐

赢得家长配合，功夫下在平时

我校是一所位于城乡接合部的高级中学，大部分学生来自全县各乡镇，有的甚至来自很偏僻的山村。学生家长中既有事业有成的老板，也不乏在家种地的农民和外出打工者。但每次我带的班家长会出席率都很高，有一次甚至一个都不少。同事常说："你运气真好，家长都这么配合！"其实家长这么配合我的工作，运气好也许是原因之一，但更主要的是我平时在家校联系上做了大量工作，想了很多办法。

我赢得家长配合的第一个办法是主动与家长经常保持联系，注重平时的沟通。每接手一个新班，拿到学生名单的那一刻起我就开始了家校联系工作，第一时间将所有家长的手机号输进手机，并发出第一条短信："您好，我是您孩子的新班主任，名叫彭佳兴。这一年，我一定会尽我最大的努力引导教育好您的孩子，期待您对我工作的配合、支持与帮助。相信我们的共同努力一定能让孩子健康成长、不断进步，先谢谢您了。"还没与学生和家长谋面，我就能收到不少家长的回应："谢谢彭老师！""您真有心！""您一定是位好老师，孩子放在您的班上我们放心。"……

接下来的一年时间里，我会利用家校通、手机短信等与家长经常保持联系，交流孩子的在校表现，交流我的带班理念，汇报班级成绩、动态，给家长一些教育建议等。遇到节假日，也不忘主动给所有家长一声问候与祝福。如果有家长应邀参加了班级活动，事后我总不忘发条短信表示感谢。正是有了平常的铺垫，到了必须家长配合的时候，我班的家长一般不会拒绝。

每个班上都会有一两个学生时不时迟到或自习课说小话，导致班级被扣分。其实这是很正常的现象，但有些班主任很看重这些分数，却又缺乏教育这些学生的耐心和方法，所以就频繁请家长。遇到这样的学生，我会用十分的耐心、足够的宽容、充足的时间去引导与等待，当然，我也会及时向家长沟通汇报，但不到万不得已，绝不请家长到校。

让家长感受到配合教育的甜头，也是赢得家长支持与配合的非常实在的办法。在实践中，我们只要稍微注意一下，就不难发现这样一个规律：家长的配合热情随着孩子年级的升高而下降，随着孩子学业成绩的下降而下降，随着孩子的纪律观念越来越差、习惯越来越坏而下降。这时，家长的不配合其实是对孩子教育失望后的绝望和绝望后的回避。面对这种情况，我的体会是一定要找机会让家长尝到配合教育的甜头，用孩子的优点和进步，重新树立起家长对孩子教育的信心和决心。比如，我会邀请有运动天赋的学生家长在学生球赛、运动会时参与班级活动，甚至特意为此举行主题班会，对学生的突出表现大加表扬和肯定；在特殊学生偶尔取得进步时，我会力邀家长来班级参加隆重的表彰会，让家长亲手给自己的孩子颁奖，然后请家长、学生分别发表感言。这些活动常常让一些平常很难得到肯定的孩子激动得泪流满面，家长感慨万分，甚至父母子女相拥而泣。这样的活动既教育了孩子，也鼓舞了家长配合我工作的热情，又使全班学生都受到教育，一举多得，何乐不为。

在与家长联系的过程中，还有一些细节也值得我们注意。家长的工作单位、文化层次、思想观念等各异。面对这样的差异性，我们一定要设身处地地为家长着想，采取方便家长的沟通方式。我与家长的联系主要是通过电话、短信、家校通的方式，但也会写信。每带一个班，在第一次放假时，我会写一封信，介绍我的教学理念、一年的班级计划、班级发展目标、期待家长在哪些方面的配合等，由学生将信带给家长，听取家长意见。有时也以博客、电子邮件等方式发送，一切以方便家长为出发点。

没有家长不希望孩子健康成长，没有家长不重视孩子的教育。所以，家长永远是学校教育的支持者、同盟军和坚强后盾。只要我们工作得法，一切为了孩子，就一定没有不配合老师的家长。

（彭佳兴，湖南省浏阳市田家炳实验中学）

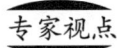

探索班主任和家长的新型合作关系

有一次，我参加市教委召开的调查会，先参加了家长会，了解到家长们的一些想法，他们认为现在的教师素质太低……。接着又参加了教师会，听到教师们异口同声地说，现在的家长素质太低……。后来，两会合在一起开的时候，我转述了所见所闻，大家都笑了。我说："历史的原因造成我们的素质都不太高。不说教师、家长，就连我们科研人员的素质也不太高，没有搞出几个像样的科研成果。我认为，最好还是不埋怨别人，大家都从提高自身素质做起。"

我以为，探讨"家长不配合老师的工作，怎么办"，不能只说"家长不配合老师的工作"，要跳出这个狭小的视野，放眼发展，创造性地去解决建立班主任和家长新型合作关系的问题。

教育孩子特别需要学校和家庭的共同配合。苏霍姆林斯基曾指出，生活向学校提出的任务变得如此复杂，以至如果没有整个社会，首先是家庭的高度教育素养，那么不管教育付出多大的努力，都收不到完满的效果。

近些年，学校与家庭的关系有了很大发展，学校从关门办学发展为重视家庭教育的作用，大量举办家长学校，提高家长素质；然后又进一步认识到家长也是教育的主人、教育的生力军，开始走向学校和家长两个主体的合作。在这个新的阶段，如何建立一种新型合作关系，显得更加重要。为此，先要解决以下三个问题。

● 一　怎样看待教师自己

医生和患者的矛盾、教师和家长的矛盾，多是社会发展中人们的主体意识突显后出现的新问题。

有一位老将军，退休之后，高高兴兴地去为自己的孙女开家长会。没想到，年轻的班主任不仅对全体家长劈头盖脸地进行批评，而且把部分成绩不好的学生的家长（包括老将军）留下来，一个个给予厉声厉色的训斥。这位老将军回到家里，唉声叹气："我再也不去开家长会了！就算咱们家长的教育工作没做好，一个老人让二十多岁的小老师训了半天，也太过分了吧！"

这个案例足以说明，班主任如果不能摆正自己和家长的关系，将会出现多么严重的问题。从一定意义上说，班主任是代表国家在落实教育方针，一言一行都不是个人行为，都会对社会产生影响，所以应该更加谦虚谨慎、平等待人。

我很同意 "尊重家长是合作前提" 的观点，我认为 "自尊尊人，一视同仁；感情到位，欲抑先扬；胸怀宽厚，冷静包容；换位思考，以诚相待" 32 个字能很好概括对教师的要求。

● 二　怎样看待现在的家长

随着社会的发展，家长队伍也在发展变化，虽然各个地区仍有较大差异，但家长的文化水平在逐渐提升，教育观念在逐渐更新，尤其是家长主人翁思想的觉醒和对主体地位的要求，更需要引起教师的特别注意。教师不能再用陈旧的眼光看待现在的家长，更不能用居高临下的态度处理和家长的关系。

为了充分发挥家长的主人翁作用，搞好家校合作，教师要善于学习，并着力于和不同类型的家长配合。

积极主动型。这部分家长对学校、班级建设都比较关心，对班主任的新举措，能够用实际行动给予支持；他们对各种新的教育理念比较感兴趣，也能发表自己的见解。他们一般在家长中很有威信，其中一部分人能力较强、时间较多（包括全职妈妈），应该充分发挥他们的主体性，让他们成为家长委员会的骨干。

理解配合型。这部分家长占家长队伍的大多数。他们爱自己的孩子，愿意和班主任配合。班主任召集的会议、提出的要求，他们都会积极响应。但是"隔行如隔山"，他们对学校教育不十分了解，不知道应该怎样配合，常常处于被动状态。还有的家长怕老师太忙，不好意思主动和老师联系。对理解配合型的家长，教师应该多鼓励他们加强学习，挖掘家长自身的潜能，使之成为家校合作的积极分子。

依赖型。有的家长最怕见老师，因为他觉得自己的孩子表现不好，在老师那里肯定"没有好果子吃"，自己脸上也不光彩。怕丢面子的结果是更丢面子，有些家长就是走的这条路。教师要特别关注这一类家长，打消他们的顾虑，让他们通过学习，真正成为家庭教育的主体。这部分家长一旦懂得和学校配合的重要性，就会变得主动，并且在配合过程中，学到更多的教育新观念和新方法，由不懂教育变成懂教育。

"护犊子"型。这种类型的家长实在要不得。问题的严重性更在于，别人都清楚他"护犊子"，唯独他自己不知道、不承认。更糟糕的是，个别家长为了保全自己的面子而隐瞒事实真相，导致孩子的错误得不到及时改正，进而犯更大的错误。还有的家长看到孩子在家表现比较好，就认为老师反映孩子的问题，是对孩子有成见、偏见。现在有一部分孩子确实有"两面性"的表现，所以更需要教师和家长加强沟通，而不是互不信任，耽误孩子的发展。当然，教师应该主动、耐心地做好这些家长的工作，使他们也逐渐成为家校合作的推动者。

善于通过家长委员会发挥家长主体性

现实中有很多教师还没有意识到，作为家长发挥主体作用的组织——家长委员会在新时期的重要性。家长委员会能够发挥家长的主体性，更好地解决教师与家长的配合问题。

每个学校都有家长委员会，但不是都能正常地开展活动，有的甚至有名无实。最近我到全国家庭教育先进单位——深圳市南山区南油小学（简称"南油小学"）讲课，发现该校家长委员会的工作开展得非常好。他们在教育观念上，尤其是在家长委员会工作上，值得全国学习。南油小学的家长委员会是这样开展工作的：

指导思想。家长真心希望孩子们能快乐学习、学习快乐。他们说："中国的应试教育一下子很难完全改变，所以我们就先从自己做起，在安排活动时，都是以玩为主。孩子们的玩，其实也是一种学习。比如在户外玩的时候，看到一大丛杜鹃花，大家就先从花聊起，然后让孩子们讨论：那么多的花，我们可以用哪些方法来数呢？孩子们想出了许多办法，很有意思。"

组织领导。学期初，学校会把本学期要开展的工作跟家长委员会交流，然后由家委讨论，安排一学期的家长委员会计划，再分月实施。比如，端午节包粽子、中秋节做月饼、植树、插秧、做风筝、打糍粑等。每个月都由家长委员会牵头开展一次活动，每次都由不同的家长和小朋友牵头组织。

活动安排。每次活动都有主题，包括户外阅读分享活动（有孩子们自己朗读故事、词语接龙、创编故事等很多形式）、户外竞赛活动、户外宣传活动、每月开展的"家庭阅读坊活动"等，家长还不定期地一起聚餐。每次活动前，家长委员会都会给每位家长发一封信，说明活动的具体安排，邀请有意向、有时间的孩子和家长参加，所以每次参与的人都挺多。

活动效果。通过开展一系列活动，孩子们之间建立了深厚的感情，就像在一个大家庭里一样，家长和孩子都挺开心。

班级家长委员会开展工作确实很花费时间，但是每学期家长委员会都会给家长集体开会，调动大家的积极性，让大家意识到：教育孩子不仅是学校的事，更需要家长的共同努力。

（冉乃彦，北京教育科学研究院副研究员）

家长总是袒护学生，怎么办

预防为先：接触之初做好应对措施

提前准备，沉着应对家长"护短"

鉴于目前家长普遍过分呵护甚至无原则袒护孩子的社会现状，作为班主任，不管我们以前有没有遇到过袒护孩子的家长，当接新班后，在与家长正式接触之初，都必须对家长的袒护行为有所预防，并做好相应准备。

尽早讲清楚家长的无原则袒护对孩子的危害

班主任要利用家长会等家校联系的时机，尽早给家长讲清楚过分袒护对孩子的成长会造成哪些危害，以尽可能把家长的袒护行为消灭在萌芽状态，做好预防工作。

每次带班的第一次家长会，在给家长说明我的带班构想之后，我都会设计一个家校交流环节，其主要任务就是向家长介绍我打算采取的带班措施，然后努力赢得家长的支持。而每次在这个环节，我都会明确告诉家长，老师和家长的目的是一致的，都是努力给孩子提供良好的成长环境，助力孩子成长，但面对具体问题时所采用的方式、方法却有可能不同。因此，不管出现什么情况，我都不希望家长过分袒护孩子。如果家长对老师的教育有不同意见，欢迎家长通过适当方式与老师进一步沟通、交流。

为了引起家长的重视，我还会分析家长的袒护行为，帮助家长认清楚其危害。我会明确告诉家长，不分情况的袒护行为非常伤害家校关系，看似是为了保护孩子免受伤害，但其实一旦孩子真的遇到问题，家长的过分袒护不仅不能解决问题，反而会进一步伤害孩子。对于孩子在成长过程中遇到的问题，虽然家长和老师都可以提供咨询和指导，但最终都需要他们自己去面对、解决。如果遇到问题，家长只是简单地冲上去"护短"，这会无形中剥夺孩子在成长中建构人格、心灵、品行的机会。

对可能存在袒护行为的"高危家长"做到心中有数

虽然每个人都可能存在"护短"心理，但人们在准备采取行动时，他们的理智会促使他们考量对方的感受，进而表现出一定的社会性。因此，家长处事时是偏向感性还是偏向理性，可以作为判断他们是否"护短"的辅助指标之一。

作为班主任，我们必须对家长有所了解。每次带班之初，在对学生进行普遍性家访时，除了了解掌握基本的家庭信息之外，判断家长是否理智也是班主任工作的一项重要内容。一般在这一轮家访中，通过观察和访谈，我基本对班上哪些家长可能"护短"了然于胸，同时也掌握了他们比较敏感的事项。回校整理家访笔记时，我再分门别类做好记录。

做好这项基础性工作，为今后在工作中预防家长的袒护行为增加了针对性、有效性。

必须对家长袒护行为的高发时机有所预见

根据我的经验，家长"护短"行为的爆发通常有两种诱因：一种诱因是师生关系出现问题。比如一些胆小怕事、性格内向的学生因某种原因对老师的教育产生抵触心理，或者觉得自己受了委屈，又不敢跟老师说，一般会选择告诉自认为最安全的家长，而不是直接与老师沟通。若家长比较强势，在知晓情况后，就可能跑到学校找老师"麻烦"。另一种诱因是学生的同伴关系出现问题。这种情况一般发生在教师处理学生交往问题时。如果教师处理得不够细致、及时、公正,让当事一方感觉受了委屈,那么家长在知道情况后,就有可能绕开教师直接替孩子出头,从而引发不可预知的冲突事件。

所以,不管是哪一类"护短"行为,一般都有先兆。作为班主任,当面对这类"高危家长"时,我们应该在掌握学生情况、了解家长秉性的基础上做好准备,注意细节,留心家长反应,尽量预先化解家长可能的袒护行为。比如,若家长比较在意孩子的学习且有可能出现袒护行为,那么在安排学生参加劳动等非学习型任务时,就要事先细致地做好思想工作,缓解家长的反感情绪。再比如,如果有家长生怕自己的孩子受到委屈,那么当学生在学校发生矛盾时,就要认真做好矛盾的排解以及善后工作,把工作做细、做实,不给家长留把柄,让家长无话可说。

当然,在做好了所有工作的情况下,如果仍然有家长"护短",班主任也应该不急不躁、细心收集证据,在谨慎应对的同时,及时上报相关情况,借助校方的力量来化解家校矛盾。

（杨绪兵,湖北省襄阳市保康县中等职业技术学校土门校区）

对症下药:所有袒护都是事出有因

让孩子的内心强大起来

从初一入校以来,小鸣的表现都不甚理想:上课讲话、欺负女生、课间追逐打闹,经常被学校通报批评,甚至连续两次因破坏学校公物而被给予警告处分。每当小鸣犯错，我打电话向他家长说明情况时，他们总以班级其他学生欺负小鸣或者"孩子还小，不懂事"为由敷衍过去，对如何配合学校教育却避而不谈，以致于小鸣屡教不改。他们为何如此"护短"？我决定一探究竟。

寻找原因，理解尊重

在寻找原因的过程中，我回想起入学初，小鸣妈妈曾发短信告诉我，孩子因为先天性神经缺陷导致右腿有点瘸，让我多多关照。但我观察发现小鸣和其他孩子看起来并无两样，所以也就没再多加留意。难道是因为这个？

小鸣再次犯错后，我把他叫到办公室进行批评教育。当我问起他在小学是否也这样时，他扬扬得意地说他现在的表现比小学时好多了。这引起了我的注意。经调查我才了解到，在小学时，小鸣的情况比现在严重些，常被同学叫"瘸子"，为此小鸣和同学打过很多架。

经过和小鸣家长交流确认，他们"护短"的原因终于找到了——因为小鸣在生理上有一点小缺陷，家长有意识地培养孩子和同学相处时"要强"和不能输的性格，以免遭受同学欺负，以维护孩子和父母的自尊。得知原因后，我对小鸣的父母多了一点理解和尊重，真是可怜天下父母心！但家长这样"护短"，只会"越护越短"，其实是害了孩子呀！作为班主任，我可以做点什么来改变他们呢？

坦诚沟通，赢得信任

既然小鸣的家长非常担心孩子进入新学校后会被其他学生欺负，我便开始有意识地加强与他们的沟通，强调小鸣在班级绝无被欺负的现象，也经常主动耐心介绍小鸣在班级里的表现，特别对他的优点和进步予以表扬。当然，对小鸣有待改进的地方我也会用比较委婉的方式传达，期待家校共同努力，帮助孩子快乐成长。

一段时间后，在加深理解的基础上，我赢得了小鸣家长的初步信任。当小鸣再次犯错后，我约小鸣爸爸来校。我首先详尽介绍小鸣入校以来进步与成长的点点滴滴。小鸣爸爸听后很感动，也特别感谢老师的辛苦付出，还列举孩子在家的可喜变化与进步。但当我把话题引向孩子因为生理上的缺陷而导致的偏执性格时，他马上面露难色，表示心存愧疚、不愿提及。

我知道，如果不能正视造成袒护的根本原因，不能彻底扭转父母错误的观念，那么小鸣就不可能得到真正的成长，也不可能真正强大起来。于是，我告诉小鸣爸爸我特别能理解他的心情，赞扬他是一位伟大的父亲。但也委婉指出，这样避而不谈，用假装的强大来维护孩子的自尊，不利于孩子形成健全的人格。最终，小鸣爸爸向我倾诉了抚养小鸣的心路历程，也答应尝试改变家庭教育方式，让孩子逐步学会正确对待自己的不足，慢慢蜕下那只假的保护壳，让自己的内心变得真正强大。

及时跟进，形成合力

经过家校共同努力，小鸣的表现有了显著进步，我和家长都感到由衷的高兴。但一种习惯和思维方式的改变，绝非易事。要想真正改变家长的"护短"心理以及小鸣的不良习惯，还需及时跟进、正向引导，甚至借助外力。

某个周二中午吃饭时间，小鸣偶遇原来的小学同学并被取笑。为泄愤，他踢翻了学校的玻璃展览板。当学校保安赶到时，小鸣还极力争辩、推卸责任，被正好路过的校长碰到。校长看到一地的碎玻璃和逃避责任的小鸣，表示一定要严肃处理。事情很快传到我这里，我觉得很棘手。

下午，我找小鸣来了解事情经过，并没有批评他。他很感意外，主动承认了错误，没再狡辩，这是以前从没有过的现象。但我也跟他说了事情的严重性——可能会受到严厉处分。接着，我跟他家长电话沟通，特别强调小鸣主动承认错误，这一点值得表扬，提醒他们不要一味训斥孩子。学生处在了解事情的来龙去脉后，根据《中学生日常行为规范》和学校纪律处分条例，经过慎重考虑，决定给予小鸣警告处分，并约家长第二天上午来校。

小鸣爸爸这次非常配合，没有一味推脱孩子的责任，除了表示周末时将和小鸣一起去买玻璃并装好外，还对自己多年来教育的失职和偏差表达了歉意，并愿意和学校一起努力，帮助小鸣逐步改正错误。

为及时跟进小鸣的情况，我根据学生处建议，督促小鸣实施"校园服务令"，设置加减分项，争取达到 100 分后向学校申请撤销警告处分。另外，为增强小鸣的信心，在班委改选中我提议小鸣担任小组长，希望他能在管理组员的同时，提高自我管理能力。同时，我让小鸣每天填写成长记录表，自己总结当天的进步与不足，交由班长填写班级意见，再交给我填写班主任意见，最后由家长填写反馈意见。

就这样，我们每天及时跟进，加强家校沟通，以正向引导教育为主，借助学校的力量，发挥合力作用，一个学期下来，小鸣有了非常大的进步，其家长的"护短"行为也大为改观。期末家长会前，小鸣爸爸特地找到我，表达对学校和老师的感谢。

总之，面对家长的"护短"行为，我们要寻找原因，从根源入手，给予家长以理解与尊重，坦诚地沟通交流，加强彼此的信任，正面教育学生、引导家长。

（刘建庄，广东省珠海市文园中学）

从学生入手：被袒护的孩子并不幸福

给孩子真正需要的爱

家长出现袒护行为的原因很复杂，但目的往往比较单一：保护孩子不受惩罚、避免孩子出现情绪问题、让孩子更有心理安全感等。生活实践中我们不难发现，家长越袒护，孩子的问题行为越多，经常形成恶性循环。然而，无论我们多么推心置腹地跟家长讲述袒护的危害，家长大多依然故我，效果并不理想。既然我们的说教难以触动家长，那么我们能不能尝试换个角度去挖掘学生资源，通过某种方式，让家长感知到学生本人对这种袒护行为是不认同甚至反感的呢？对学生的感受，家长往往很关注，如果他们意识到孩子其实并不希望被过分袒护，他们也许就会愿意改变。

心理格板：了解学生的真实想法

小林，初一学生，多次没完成作业，妈妈不是说家里停电了就是来客人了；小林忘记做值日，妈妈说路上堵车迟到了；小林动手打人了，妈妈说孩子之间都是闹着玩的……。事无大小，无论什么错，他妈妈都能找到袒护的理由。如此固执的家长，言语说教几乎不起作用。于是，我决定利用心理格板，从了解小林的想法入手寻找突破口。

我将小林请到办公室，告诉他不用紧张，我们一起做个游戏。

"这个格板代表你生活的小圈子。这些木头人大小、形状、颜色、表情各异。你从这些木头人中选择一个代表你自己，摆到格板上，你想怎么摆就怎么摆。"

小林选择了一个白色的小木头人，放到了格板上。

"把你认为重要的人摆上去，想怎么摆就怎么摆。"

小林点点头，将若干个颜色各异的木头人摆在了距离他相对较近的位置，而且多是面对着他。我请他解释这些木头人的含义。小林说这些大多是他的朋友。

接着，他选择了一个黑色的高个木头人，放到了面对他且相对较近的位置，并说这个代表他爸爸。

"为什么选择黑色呢？摆在这个位置有什么意义吗？"

"我觉得爸爸是个顶天立地的男人，所以是高个的。他经常外出工作，所以晒得黑黑的。爸爸虽然不常回家，但是我能感觉到他很关心我。"

我点点头，请他继续。

然后，小林选择了一个红色的高个木头人，侧对着他，放到了较远的位置。

"能跟我说说这个木头人是谁吗？"

"这个木头人代表我妈妈。她爱漂亮，所以是红色的。我妈妈很照顾我，我说什么就是什么，从来不批评我，但我感觉和妈妈的关系有点疏远。"

"好的，老师知道了。如果让你重新进行排序的话，你会做出什么调整？"

"我想让妈妈离我更近一些，真正关心我。也想让同学们离我更近一些。"

格板游戏结束后，我问小林："妈妈从来都不批评你，为什么你还是觉得和她关系疏远呢？"

小林说："其实我也挺矛盾的，书上说爱孩子的父母都是愿意让孩子更好的，可我做错了事妈妈不说我，我当时觉得能混过去，感觉还挺好的，可是我错了不改，同学们都对我有意见。每当同学们说我知错不改、没有责任心时，我都特别难过。可是下次我再犯错时，妈妈还是帮我找理由，我就又下不了决心改正，我的人缘就越来越差。我知道自己的意志力比较薄弱，希望妈妈能帮助我改正错误，但她没有。她是真的关心我吗？有时我挺困惑的。"

我告诉小林："把你的困惑和你的希望写下来吧，为我们这次的格板游戏做个总结。"

沟通家长：给孩子真正需要的爱

拿到了小林的真心话，我的准备已经比较充分，便将小林妈妈请到了办公室。

"今天请您来，是想给您看小林做的一个游戏的结果。"我拿出小林摆放的木头人继续说，"这个游戏代表了小林生活圈子里所有重要他人与他的关系。您看，这个白色的木头人代表了小林自己。"我指给小林妈妈看，她点点头。

"这些木头人代表了小林喜欢的朋友。您看，他们的位置关系比较近，而且相互面对，是亲近的意思。"

小林的妈妈很感兴趣："他摆了我和他爸爸吗？"

"当然。"

小林妈妈非常高兴，急忙问："哪个是我？哪个是他爸爸？"

我指了指黑色的高个木头人："这是小林的爸爸，距离小林近且面对小林，说明小林和爸爸关系亲近。您看，红色的木头人代表您。"

"不可能！"小林妈妈立即否认，"老师，小林爸爸经常出差，孩子都是我照顾的。我跟孩子的关系更亲近！"

"这可能与您的认知有点出入。但事实是，在小林心目中，您的位置是在这里，距离他较远而且还是侧面相对。"

"不可能，老师，一定是您搞错了。这个游戏的规则您跟孩子说清楚了吗？位置的远近代表亲近程度您给孩子说明白了吗？"

"这是小林心目中的重要他人与他的关系，完全是他自己的选择。"

"老师您一定搞错了。不管怎么说，我和他爸爸才是他的家人，他这一圈朋友摆的位置有些比他爸爸的还近，一定是弄错了。"

我笑笑说："小林妈妈，青春期的孩子，对同伴关系的渴求逐渐大于对亲子关系的渴求，这个年龄段孩子的特点本就如此。"

小林妈妈很疑惑："我的位置就离他这么远？这真是我的位置？老师您不知道，我照顾这个孩子那么细致，他从头到脚、从里到外，衣服都是我洗，三餐不重样，天天接送。怎么我在他心里是这个位置？"

我引导她："我了解您的委屈。但是您有没有想过为什么会是这样？小林也跟我说过，妈妈漂亮又能干，把他照顾得很好。但是与天天照顾他的您相比，小林觉得他跟不常在家的爸爸更亲近，您和他爸爸在与孩子相处中有什么不同吗？"

"要说有什么不同，那就是他爸爸对他的要求很严，他做得不好的地方他爸爸会批评他，有时候程度激烈到爷俩都能吵起来。"

我问："结果呢？"

"结果？好像小林都改了，而且爷俩过后又和好了。"

"那么您是如何与孩子相处的呢？"

小林妈妈尴尬地咳嗽了一声。

"说是百依百顺也不为过吧？尤其是孩子犯错的时候，您总能找到理由为他开脱。您认为这样做就是对孩子尽心照顾，孩子理应跟您更亲近。但显然，孩子并不这样认为。想知道孩子的想法吗？"

小林妈妈点点头。

我把小林写的真心话递给了她。

"老师的意思是，我处处顺着他，从来不批评他甚至为他的错误开脱反而是我的不对？"

"这不是我的意思，是小林的意思。这个时期的孩子细心而敏感。他们开始倾向于追求同伴关系，同时也在意亲子关系的质量。他们渴望从父母那里得到与同伴相处时无法得到的指导和建议。可是当您只能给予无原则的袒护时，他们会将其视为对自己的'漠视'，因而内心产生失望情绪。您的行为降低了亲子关系的质量，所以小林觉得您不是真的关心他。"

小林妈妈沉默不语。

我趁热打铁："无原则的袒护还影响了小林的同伴关系。因为他接受了您的袒护，所以有错不改且一犯再犯。您觉得同学们会如何评价他？同学们说小林是个不负责任的孩子，将小林排斥在合作小组之外。即使我强行给他安排小组，但您觉得面对不是真心接纳他的同伴，小林会快乐吗？"

小林妈妈眼神闪烁地看看我："老师，我没想那么多，我只是不想让孩子受罚。我倒真不知道孩子是这种想法。"

我笑笑说："家长都爱孩子，这点可以理解。但什么是爱？照顾孩子的饮食起居是爱，关注他的品行塑造也是爱。爱要有正确的途径。人无完人，每个人都可能犯错，犯错不可怕，可怕的是没人告诉他做错了应该怎么改。小林需要的是您告诉他犯错要改，您能监督他改错、能真正陪伴他成长。我相信您应该已经了解了小林的心情，我把这张写在纸上的真心话送给您，请您和孩子一起努力进步吧。"

当然，小林妈妈的行为并没有立竿见影地改变，但令人高兴的是她的言谈中已经不再回避孩子的错误，尽量不再为孩子的错误行为找理由开脱。一旦家长开始改变，虽然起效慢，但成效却是持久且稳定的。

（彭淼，山东省济南市第六十八中学）

正确沟通：用倾听与理解化解矛盾

聆听心灵深处的呼声

我班曾有一个"问题"男孩小强，在最初纠正他一系列"问题"的过程中，我发现和他妈妈之间的沟通才是主要难题。每当小强犯了错，我向她反映情况时，她总认为是"小错"，其他孩子也会犯，觉得老师的指正不公平。这种不讲原则的袒护无形之中给了小强错误的导向，助长了他的"问题"行为。

语言暴力：沟通失败的根本

跟小强妈妈的沟通难题一直困扰着我，我不能放任小强朝着错误的方向越走越远，必须和他妈妈进行有效的沟通，可怎样才能让沟通达到预期的效果呢？带着这个问题，我读完了《非暴力沟通》这本书，书中很好地剖析了我们在沟通中经常存在的不足，尤其是当我们频繁处理一个孩子的问题、在他身上花费了大量精力还不见效果时，谈话难免带着情绪。对于我们一点点的情绪，我们通常自己不觉得，但其实它就是一种语言暴力，它会不自觉地带出一些指责和批评，就像对经常被请到学校谈孩子问题的家长精神上的一顿拳打脚踢，打击着他们那颗一见老师就绷紧的心。

我终于明白了，我必须转变谈话和倾听的方式，在沟通时做到不评价、不指责、不批评。因为如果我们通过批评来提出主张，对方通常会出现申辩或反击等条件反射式的回应。其实，回想我和小强妈妈的谈话，几乎都是一种应激性条件反射，我们对小强"问题"的看法如同硬币的两面，结果等于没有沟通。

非暴力沟通：倾听家长内心的声音

在一番学习和思考后，我决定运用非暴力沟通方式与小强妈妈进行深入交流。

小强妈妈被我约见时，神情很不自然。

"您别紧张，这几天小强表现很好，我只是想和您聊聊孩子的事情。"听到我这样说，她脸上的表情缓和了一些："那好吧，反正在老师和同学眼里他就是一个坏孩子。"

"看到您好像很不开心，我很担心，您觉得老师和同学对小强不够友好，是吗？我希望今天您能实话实说，我们肯定都期望孩子的小学生活是愉快的。"

"我下午放学来接小强时，经常听到班上孩子说他的坏话或者告诉我他又被批评了。班上孩子就是喜欢投诉他，经常这样，那不就是针对他吗？"

"当您听到孩子们说小强不好的事情时，您感到很难过，是吗？当妈妈的都希望孩子快乐开心，所以您是希望小强有不好的行为时，老师和同学不要批评、指责他，是吗？"

"也不完全是那个意思，但挨批评的也不能总是他啊，这孩子太可怜了。"说完，她重重地叹了一口气。

"您觉得孩子可怜是因为担心他在学校受到的指责太多了？"

"我只是担心老师经常在班上批评他，他会被同学孤立、嘲笑。"

"我理解您的担心，小强在班上也会被表扬，只是孩子没有告诉您。您不会觉得我们就该让他这样发展下去吧？"

"那怎么行？我只是听到小强受到的批评太多了才那样说的。"

非暴力沟通方式强调倾听，在我的耐心倾听下，小强的妈妈卸下了防御的铠甲，讲话越来越温和。她不但讲了自己对小强在班级里人际关系方面的担忧，还讲了他们家的痛苦：原来小强一年前去医院查出眼睛肌肉萎缩，一只眼睛的视力一直在下降，最近一年一直处于治疗中，但又没有好的治疗方案能确保去除病根儿。父母都是很要强的人，不愿意让别人知道小强的病情。在袒护孩子的强大外表下，他们有着一颗脆弱的护子之心。

通过沟通，我终于看到了隐藏在表象下的问题实质。为了打消小强父母的疑虑，每当小强有一点点改善时我就在班级里表扬他，而当他有"不安分"的扰乱行为时，我都是多沟通引导、少批评指责，帮他理清是非、认清后果；我把小强的座位朝前调整，方便他看黑板板书；引导全班学生善待周围同学，不要经常向同学家长投诉；我给小强准备了一个行为习惯进步表，记录他每天的得与失，每周老师和家长签字鼓励。一年以后，小强终于不再每天惹是生非了。

通过这个成功的案例，我认识到沟通方式的重要性。作为班主任，我们习惯于对看到的人和行为做出反应，给出评判。但在与袒护孩子的家长沟通时，让家长打消疑虑、打开心结很关键，尤其要讲事实、少评价，以免激起不必要的矛盾。当我们真诚地倾听、反馈时，我们改变的不仅仅是说话的方式，更拥有了一颗柔软的心，这颗心能体会到家长的感受和需要。倾听到家长心灵深处的呼声，我们自己的人生境界也会豁然开朗。

（张淑侠，广东省深圳市南山区海滨实验小学深圳湾部）

良好沟通，让"袒护"变"呵护"

大课间，数学老师气呼呼地跑来告诉我，这学期以来，小宇在数学训

练、单元测试等三次考试中，交上来的试卷都与同桌雷同，不只答案对错一样，连错误的格式、数字等细节都相同。但对于数学老师的质疑，小宇就是不肯承认，还说老师污蔑他，要让家长投诉老师。

该如何处理这个棘手问题呢？我先找小宇询问有关情况，也查看了小宇的三次试卷，的确疑点重重，但是小宇就是不承认"作弊"，我也非常生气。当天夜里，我和小宇爸爸电话沟通，委婉地说出我和数学老师的疑虑，没想到他生气地说："王老师，您没有证据就不要怀疑我家小宇，我保留投诉您的权利！"家长不问事实真相，只是袒护孩子，让我非常难受，这也提醒我要慎重处理这件事情。我向级长请教，他说："我理解你的良苦用心，但在这件事上你太纠结于问题本身而忘记了教育的本意。"真是一语惊醒梦中人，我及时调整解决问题的思路，从教育小宇的角度思考问题，果然豁然开朗。此后我按照以下步骤展开，取得了不错的效果。

查证有据：弄清原委，记录在案

家长袒护孩子是因为家长和老师的立场不同，看待问题的视角各异，加之角色遮蔽带来的信息缺失，造成判断失真进而导致误解。所以当教师向家长反馈学生问题时，要做好精心准备，弄清事件原委并准确传达给家长，否则容易造成家长误解。

鉴于小宇的情况，在和数学老师商量后，我们决定在过关考试时拿到"证据"。为了避免小宇多心，除了让上次单元测试中成绩不理想的学生参加考试之外，我们还特地增加了中等、优秀学生——小宇也是"偶然"被抽中的学生之一。此次过关考试直接采用了上次的原题，结果如我们所料，小宇的选择题和上次一样满分，但是证明题、解答题等三道题只写了简单几步，与上次严密的解答有天壤之别。

为了安慰小宇，防止意外情况出现，我第一时间找到他，告诉他此次考试结果不重要，老师拿到"证据"并不是要处罚他，而是帮助他认识错误，有错就改就是好学生，我愿意帮他保密。听我这么说，小宇终于承认：

自己为了达到父母的要求，不得已"铤而走险"，他用零食及哥们儿义气"收买"并"绑架"了学霸同桌，为的是拿到高分向父母交差。我让小宇把详细过程和自己此时此刻的想法写下来，并"剖析"自己的所作所为，最后郑重签下名字，写上日期。此外，我还找小宇同桌了解原委，并让他如实写下事情经过，同样签上自己的名字，确定所说内容的真实性。这些人证、物证，有助于小宇父母了解事件真相，消除他们的疑惑，为教育小宇赢得先机。

反馈有道：尊重在前，策略在后

家长对孩子的爱是无条件的，如果家长对赏识和爱的理解太简单，就容易将其异化为无条件的袒护，小宇家长就是如此。为了圆满解决小宇作弊事件，我再次电话联系小宇父亲，在沟通方式上，我稍加改变。首先，我感谢他上次关于"证据"的建议，并请他和小宇妈妈方便时来学校，我向他们详细讲述事件原委；其次，我表示想和他们商量一下如何教育小宇，请他们一定支持我的工作。我的"低姿态"感动了小宇爸爸，他马上向我道歉，说："王老师，真对不起，您也知道，我是一名警察，职业习惯让我上次的表达欠妥当，请您原谅，我一定和他妈妈去当面向您道歉。"

当遇到家长袒护孩子时，班主任要坚守教育立场，切不可意气用事。在与家长沟通交流时要尊重在前，策略在后，努力做到以下几点：一是礼貌待人。家长在听到孩子受到批评、遭到质疑等情况时，容易相信孩子的一面之词，往往就会怒气冲冲而来，大有兴师问罪之势。此时教师的冷静、礼貌有助于平息家长怒气，为解决问题打下良好基础。二是耐心听取家长意见。家长负气而来，肯定有其认为合理的理由，让他们说出来，既可以让其发泄情绪，又可以借机了解家长掌握的情况，把握问题的关键所在。三是肯定家长的正确主张。家长受角色遮蔽，容易听信孩子的一面之词。这时老师不妨以退为进，先肯定家长的正确主张，在家长感受到尊重、理解后，再和家长交换意见，这有助于达成共识、促进问题解决。

教育有方：沟通协作，家校联合

小宇家长如约来到学校，我们在家长接待室进行了真诚交流。我先向家长叙述了事情的经过，说明我和数学老师调查小宇作弊事件完全是出于教育他的目的，并解释由于我之前思虑不周，在没有详细了解事情原委的情况下就向家长反馈问题，引起家长误解。接着，我拿出小宇及其同桌所写的事情经过与反思，让家长更深入了解事件，这样彼此之间的误解完全消除了。

然后，我与家长就如何抓住契机教育小宇进行了深层次交流。我分析了小宇作弊的动机，一是他有进步的欲望，希望取得高分；二是迫于家长压力，为了完成"家长指标"而不得已为之。家长对我的分析表示认可，表示是自己太着急了，没有考虑小宇的基础，提出了过高的要求，给孩子造成了较大的心理压力，才让他"铤而走险"。

我肯定了家长的行为动机的合理性，接下来和他们交流自己拟定的教育计划：首先，让小宇认识到作弊是不对的，要承认错误，向数学老师道歉；其次，家长和老师要有同理心，给小宇改错的机会；再次，家长也要就自己的不当做法向小宇道歉，取得孩子的谅解，修复亲子关系；最后，让学校心理老师给小宇全家做一次辅导，就如何激发小宇的学习动机、制定合理的学习目标以及如何达到目标展开讨论，达成共识（最后的结果证明这次家庭辅导效果非常理想）。

爱子之心，人皆有之。爱子失度就是溺爱，这也是家长袒护孩子的人性根源。作为教育者，我们要遵从人性，转换解决问题的视角，努力站在家长的角度思考问题的解决之道，提升自己的教育智慧，用良好的沟通与家长组建教育"同盟军"，将"袒护"变成"呵护"，化危机为契机，此教育之意义，教师之担当也！

（王德军，广东省湛江市第一中学培才学校）

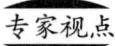

专家视点

运用中国智慧，化解"袒护"行为

近年来，介入孩子之间的纠纷、以袒护的方式代替孩子解决冲突的家长似乎越来越多了。一些家长不能让自己的孩子吃一点儿亏，被欺负了也要还回去；有的家长甚至亲自上阵，为自己的孩子讨回公道；有的家长知道自己的孩子吃亏时，还会将攻击目标转向班主任，认为班主任没有尽到义务，对班主任横加指责；有的家长甚至直接把孩子间的冲突，扩大到双方家庭的矛盾，找到对方家长大吵大闹，逼迫对方家长惩罚孩子，否则不依不饶……

一 谁之过？袒护行为的难解之题

面对只考虑个人利益、得理不饶人的家长，班主任应该怎么办？这的确是一个难以回答的问题。因为在这种情况下，班主任常常左右为难、举棋不定，说也说不得，劝也劝不通，一不小心还会成为矛盾的焦点，甚至成为被攻击的对象。班主任实在感到无奈、无辜、无解。这一问题之所以难回答，其核心还在于问题的难点既不完全在学校或教师的身上，也不完全取决于学生或孩子，而是主要涉及有些家长自身的素质问题。今天许多的教育问题，看似与学校和教师有关，实际上家庭、家长大都脱不了干系。我们常说，家长是孩子的第一任教师。现在家长这个"教师"出了问题，许多家长不但尽不到教育的责任，反而给孩子带来了负面影响，消解了学校教育的效果，成为孩子成长的阻碍力量。我国从 1979 年起开始推行独生子女政策，现在的中小学生家长，正是在独生子女政策下成长起来的一代人。"独生"的现实，改变了许多家庭的教养方式和教养态度，比如有的家庭怕孩子受委屈、不高兴，就对孩子百依百顺、由着孩子的性子去做事，从而使孩子变得任性，不好沟通；有的家庭全家围着一人转，易使孩子形成唯我独尊的不良心理状态，并且由于缺乏与同龄人共同生活的经历，孩子还会形成自我中心、自私自利的不良行为习惯。虽然这样的家长并非当下家长中的主流，但一个班中如果存在两三位这样的家长，也会使班级鸡犬不宁，让班主任疲于招架。

毋庸置疑，即使面对这样的家长，班主任也无法直接责备其是与非，否则只能造成火上浇油、引火烧身的后果。此时的"理解"而不"指责"，"感化"而不"激化"，"引导"而不"教导"，则显得尤为重要。班主任可以通过有效的心理沟通，对家长采取晓之以理、动之以情、导之以行的方法，化解家长的冲动情绪，缓和家长的护子心态，引导家长的理性思维，唤起家长的积极行为。这样做之所以能够产生效果，主要源自班主任和家长有着一个共同利益点——孩子的健康成长。但要做到这些，就需要班主任具有教育的智慧，用中国智慧化解家长的袒护行为。

中国智慧：袒护行为的化解之道

"智慧"是人的一种高水平、综合性的能力系统，是由相互关联的两大部分构成，即智慧的"认知"特征和智慧的"价值"特征。前者集中体现在一个人或一个民族的思维方式上，后者集中体现在一个人或一个民族的价值体系上。中国智慧是中华民族几千年文化所积淀下来的中国人思维方式与价值体系的融合。我们曾采用实证研究的方法（内容分析法），以成语、俗语、箴言、哲理故事为载体，挖掘其中所蕴含的中国智慧的类别与内容，将中国智慧划分为理性、善性和灵性三大维度。理性反映的是一个人利用自己的智力和创造力分析、解决问题的能力，善性反映的是一个人在当下个人利益基础上顾及他人、社会及长远利益的价值平衡能力，灵性则反映的是一个人的核心价值观和价值追求。

当家长介入孩子间的纠纷、以袒护方式代替孩子解决冲突，由此带来更大的情绪困扰时，班主任可以通过与家长的沟通、交流，从中国智慧的三大维度出发，采取以下五大步骤依序化解家长的袒护行为，即换位理解，价值尊重；观念探寻，价值定位；理性分析，价值澄清；利益综合，价值引领；积极行动，价值实现。

1. 换位理解，价值尊重

面对家长的袒护行为，不论责任在哪一方，班主任既不应居高临下地肆意指责，也不应扮演法官的角色简单断案，而是要站在平等的位置上，与家长建立起真诚、信任、接纳、合作的关系，以消除家长的疑惧心理和对立情绪。

要想做到这一点，班主任可以从以下几方面入手：（1）无条件地接纳。袒护孩子的家长，本身可能会存在一些不足之处，但无条件的接纳，就意味着班主任既要接纳家长的长处，也要容许家长的短处。只有这样，才能创造出一个安全、温暖的环境，让家长能够最大限度地表达自己的情绪和想法。家长找班主任解决问题，需要知道你是否能够理解他们的想法及感受，想知道你怎样看待他们，并会根据被接纳、了解的程度，透露自己的情绪及要求。如果家长感觉你要指责他们，很可能会因感到压力而拒绝沟通，所以，接纳是帮助家长改变的前提和基础。（2）表达对家长的理解和同情。如果班主任能够站在家长的立场上，从家长的内在参照体系出发，设身处地地去感受其内心世界，那么你就会发现家长的袒护行为也有其理由，甚至也有值得同情之处。假如再把自己对家长内心体验的理解告诉他，就会使家长感到被理解、被接纳，从而增进双方情绪上的接近，有助于良好关系的建立，增强家长继续表达的兴趣和勇气，使积压的负面能量得以释放，大大缓解家长紧张的情绪状态。（3）让家长感受到真诚。如果班主任与家长相处时，能够做到真诚坦率、不虚伪掩饰，内心与外在的态度完全一致，那么家长就会接受你，并容易对你产生信任感，缩短彼此间的心理距离，从而更坦率地表露自己。

无论基于什么原因，任何人情绪与行为的发生都有自己的缘由，特别是家长爱子心切时，难免情绪失控，甚至做出一些偏激的反应。如果班主任能够换位理解，体谅家长此时的心情，先予以无批判式的接受，才能使双方建立起良好的沟通关系，才能让家长敞开内心世界，表达出内心的真实想法，这是化解冲突、取得成功的第一步。

2. 观念探寻，价值定位

在与家长建立起相互理解、相互信任、彼此接纳的良好关系之后，接下来可以通过进一步交流，探察家长袒护行为背后所持有的价值立场。实际上，对于同一件事，站在不同主体的角度看，常常会有不同的价值立场。不同价值立场导致对同一事件形成不同的认识，不同的认识又会决定着主体不同的行为。通过观念探寻以试图了解家长内在的价值立场，对其持有的价值立场予以清晰定位。

要想做到这一点，需要班主任从以下两方面入手：（1）了解家长行为源于短期利益还是长期利益。了解家长这样做是仅考虑到短期利益的权宜行为，还是立足于长期利益的远景行为。家长的袒护行为，一般而言，主要是源于短期利益的权宜行为，甚至表现为情绪化状态下的泄愤行为。（2）了解家长行为源于个人利益、他人利益还是社会利益。了解家长这样做是站在个人利益角度看问题，还是站在他人利益或社会利益的角度看问题。一般来说，家长的袒护行为，常常是站在个人利益角度的自我中心、自私自利的行为。观念探寻的目的是明确家长袒护行为背后隐含的价值立场，即使家长是站在短期利益、个人利益的价值立场上，即使其价值立场不符合主流价值观，也不要予以评判和指导，因为每一种价值选择都有其存在的合理性，关键在于要先明确家长自身抱持的价值立场是什么。

3. 理性分析，价值澄清

在了解家长袒护行为背后所持的价值立场之后，接下来就要引导家长回归理性思考，澄清自身价值立场的利弊得失，使家长认识到，不同的人对同一件事会有不同的价值立场，因为每个人思考问题的角度不一样；从利益主体角度上看，有个人利益、他人利益或社会利益的不同；从利益时限角度上看，有短期利益、长期利益之分。并进一步帮助家长思考自己持有的价值立场的可能结果，审慎地权衡各种利益选择的积极结果和消极结果。具体的操作方法：（1）从不同利益主体角度分析。当家长选择站在个人利益的角度看问题时，要引导家长意识到，除了个人利益之外，还要顾及他人利益，每一种视角都有利弊得失。如果仅从个人利益出发，虽然能够替孩子讨回公道，宣泄自己的愤怒情绪，寻找到心理的平衡，但也会与他人产生冲突，带来新的矛盾，可能会给孩子营造出一个持续紧张、不安定的人际环境；如果单纯从他人利益的角度出发，选择忍气吞声、逃避现实，虽然可以化解冲突、避免矛盾，但也会助长对方的不良行为，失去让孩子学会解决纠纷的机会，也会给家长自身带来心理压抑。（2）从不同利益时限角度分析。如果家长仅从短期利益出发去看待问题，虽然可以暂时为孩子出气，让自己的情绪得以平复，但孩子的纠纷并未得到真正解决，可能还会进一步演变为家长间的冲突；从长期利益的角度来看，家长的袒护行为、代替孩子解决纠纷的做法，会使孩子失去独立生活能力，适应力低下，以后遇到困难和纠纷时也会不知所措，难以独立应对纷繁复杂的现实生活。

理性分析与价值澄清的目的是帮助家长认识到，袒护行为是以个人利益和短期利益为中心的，如果站在他人利益、长期利益的角度来看，这种做法不但使眼下的问题无法得到真正解决，还可能给孩子今后的发展带来更大的困扰，不利于孩子的长远发展。

4. 利益综合，价值引领

在引导家长认识到不同价值主体有不同的利益诉求，不论是从个人利益、他人利益还是社会利益出发，每一种价值立场都有利弊得失的基础上，班主任要引导家长去权衡出三者间的共同利益，找到一种"共赢"的做法。

具体的操作方法：（1）为了孩子未来的发展，应当帮助袒护孩子的家长认识到，在关注短期利益时也需要关注长期利益；在关注个人利益时，也需要站在对方的视角考虑他人利益，同时也需要关注到大多数人的利益。（2）帮助家长认识到三种利益是可以综合在一起的，让大家都满意的做法则是在考虑个人利益的同时，也要关注他人利益以及社会利益，在维护社会利益的前提下，去实现个人利益与他人利益。

利益综合有助于家长完整地看待和解决问题。在面对孩子间发生的纠纷时，不要情绪化地代替孩子去解决问题，或领着孩子去兴师问罪，也不能仅看到眼前的得失，应同时考虑到对方的感受及孩子未来的发展，应当将各种利益整合在一起。社会是一个大家庭，需要人们相互体谅，维护社会的和谐。社会利益是实现个人利益、他人利益的保证。

5. 积极行动，价值实现

当找寻到以社会利益为核心、个人利益与他人利益相平衡的共同利益时，再通过进一步引导家长，探讨这一共同利益的长期效应和短期效应，进一步将共同利益调整到社会主流价值观之上，完成价值引领的作用。然后，鼓励家长按照自己选择的共同利益开展行动。

具体做法：（1）帮助家长认识到个人利益要建立在社会利益的基础上，还要兼顾他人利益，这样建立起来的共同利益才会有长远的效果。（2）帮助家长认识到具有长期效应的做法应当站在社会利益的高度，去平衡个人效益和他人效益。只有社会稳定才能带来每个人更好的发展。

孩子在发展的过程中，不论是否愿意，总会碰到各种各样的纠纷或冲突，甚至挫折或失败，这也是其成长的一部分。没有经历过纠纷或冲突的孩子，难以形成独立解决问题的智慧；没有经历过挫折或失败的孩子，品味不到成功之后的喜悦。所以，班主任应帮助家长以一颗平常心去对待，让孩子去面对人生必经的风雨，帮助孩子去积累一生受益的财富。

（刘晓明，东北师范大学心理健康教育研究中心教授）

5

被家长投诉，
怎么办

换位，共情安抚而非划清责任

 案例

迪迪不见了

在二十几年的教学生涯中，我被家长投诉过一次。

事情发生在我参加工作的第五年。一天放学后，学生三三两两地回家了，我也回到办公室批改作业。这时迪迪的父亲出现了，他问我："迪迪回家了吗？"

我微笑着说："回去了，一放学就走了。"

"那怎么家里没人呀？"

"没人，不会吧？要不，你去路上看看，说不定他还没到家呢！"听罢，迪迪父亲匆匆忙忙地走了。

时钟已经指向 4 点 40 分，该回家了。我刚走到一楼，迎面就碰上了迪迪的父亲。瞧着他一脸焦急又愤怒的样子，我意识到他没找到迪迪，于是忙安慰道："再找找看，说不定去谁家里玩了。"

"不会的，我儿子绝对不会去别人家的。"

"学校里确实没有，确实回家了，我还看见他是和凯凯一起出去的。"

"那家里怎么没人呢？"迪迪父亲又开始问同样的问题，而且语气很冲，一副要把我吃了的样子。我再次提示他迪迪会不会去同学家玩了，可迪迪父亲一口咬定儿子绝对不会不经他同意就去同学家玩的。

看着天色渐渐暗下来，我对迪迪父亲说："要不您再回家看看，迪迪是不是已经回到家里了？我给他要好的同学打电话，问问是否有人知道他的下落。"

没想到迪迪父亲气愤地说："我才从家里来，他怎么可能已经回家了？"紧接着又说了句："如果迪迪不见了，学校是有责任的。"

我一听"有责任"三个字，火噌地就蹿上来了，大声说："我一没关他晚学，二没让他不回家，我们凭什么负责任，学校没有责任。"

见我嗓门大起来，迪迪父亲更是刮起了"狂风暴雨"。他用手指着我的鼻子，恶狠狠地说道："如果我儿子不见了，你也休想活命。今天如果找不到迪迪，我就找你们算账。"说完，他带着满脸怒气走了。

我还没从刚才的情绪中走出来，在原地愣了半天。几分钟后，我突然醒悟过来，连忙给几个学生打电话，终于知道了迪迪的去向。我正想把这个消息告诉迪迪父亲时，电话铃声响起，是迪迪妈妈打来的，说迪迪已经找到，原来是去同学家玩了。她还对迪迪父亲刚才恶劣的态度向我道歉。听着迪迪妈妈诚恳的话语，我也就没再说什么。

本以为这件事就这样过去了，没想到，第二天迪迪父亲竟去校长那里告了我一状，说我对待家长态度差，不爱学生。当校长把迪迪父亲的话转述给我时，我感到极其委屈。我尽心尽力，一心为了学生，家长竟然还这样对我。校长提醒我工作中还是要注意方法的，表示相信我下次再遇到类似的情况，一定能处理好。

回去之后，我重新把整件事梳理了一遍。虽然在这件事上我没有大的过错，但确实在处理方式上有不妥的地方。孩子不见了，作为父亲，其内心的焦急程度是旁人难以真正感同身受的。第一次没找到儿子，第二次又没找到，焦急中的父亲产生愤怒情绪很正常；找不到儿子，怒火攻心，口不择言，也是人之常情。在当时的情况下，任何事情都没有找孩子重要。即使迪迪父亲的态度再差，作为教师，我也不应该在那种时候，与其争执学校需不需要负责任的问题。正是我的"学校又没有责任"这句话，才让事情发展到那种地步。事后我想，如果我有更多经验的话，我会在迪迪父亲说出"学校是有责任的"这句话时，心平气和地接下去："现在我们先不讨论责任问题，找到迪迪才是最重要的。我们商量一下，接下来要做的事……"

（徐文君，浙江省宁波市鄞州区茅山小学）

理解，设身处地为孩子着想

我被投诉"撞了一下腰"

三年前我接了一个新班，班上有个叫小轩的男生，长得白白净净、瘦瘦弱弱的，声音较细且柔，平日喜欢和女孩们玩，几次表演课本剧时也总喜欢抢女性角色。我对此倒也没多想，然而就因为这，我被他的家长投诉了。

小轩的家长声称，孩子的性别取向被老师要求扮演的角色误导，缺乏男性应具有的阳刚之气。

惊愕之余，反思己过：我接手新班一个月有余，对学生还不是很了解，家长之所以这样迫不及待地投诉我，显然，孩子性别意识的错位是他一家人心头的痛。除了不满，还能让我明显地感觉到作为家长的那份担忧和欲施加给老师的那份急切的压力。

想明白后，我诚恳地接受了家长的投诉，无论是出于对他们的理解，还是出于对学生、对工作的责任。

担责是一方面，重要的还是要看后续如何尽责。经过几天的仔细观察和询问了解，我发现实际情况确实如此。小轩说话的语气、行为动作等都像女孩子一样，有些调皮的孩子竟叫他"轩妃娘娘"，而他好像对自己的这一表现也很满意，但他同桌的女生称实在受不了他的"娘娘腔"，要求调换桌位。

我通过多方渠道进一步了解到：小轩还有个哥哥，他的爸爸妈妈一直希望有个女儿，所以，从小就拿小轩当女儿来养。了解到这些情况后，我做了一次家访。我首先对家长及时提醒老师工作中的不足表示感谢，接着把孩子在学校的情况如实地告诉了家长。我对家长说，孩子出现了性别角色偏差的苗头，这类偏差一旦定型，今后想要扭转将会十分困难，所以希望家长能够配合老师做好孩子的引导工作，同时，我还就具体引导方法做了介绍。例如：增加孩子与父亲相处的机会，培养父子的亲密关系；多进行父子一起爬山、踢球这类活动，并经常表扬他是"小男子汉"；引导孩子读一些表现男性英雄气概的书等。我告诉家长，只要引导得法，在现阶段，改变孩子的性别偏差是极有可能的。

做好了家长的工作，我也逐步展开对其在学校的教育引导。首先，我将小轩安排和班长（男）一桌，让其更加直接地感受到我班最让学生尊敬的男子汉形象，也方便班长协助我展开各种工作。其次，每当表演课本剧时，我就让小轩扮演最能表现男子汉英雄气概的角色，并注意引导他如何朗读。比如学习《将相和》"完璧归赵"一段时，我请他表演蔺相如的角色，重点指导他手托和氏璧欲与璧玉石俱焚的情节，从动作、神态和朗诵等方面都做了耐心指导。他的表演非常到位，最终获得"最佳表演奖"。再次，课余活动时，我让班长带着他参加各种体育活动，并使他成功参加了学校运动会中的男子接力赛。每次表扬他时，我都竖起大拇指夸奖他是"了不起的小英雄""阳光男孩"等，让他心里对自己的男子汉形象有了认可。

在家长和老师的不懈努力下，小轩有了正确的性别角色意识。庆幸之余，我在想，作为老师，我们如果能够理智地对待家长的投诉，倾听到他们内心真实的声音，并认真反思，那么对我们的教育教学工作而言，家长的投诉将不再是我们工作的绊脚石，而是我们成功教育学生的垫脚石。

（景芸霞，山东省临邑师范附属小学）

担责，别让无心之过成为真正失职

家长告状之后

　　九年级开学没几天，德育主任就打电话让我立即去他办公室。我有点迷惑，刚刚开学，班级稳定，这么急着找我，究竟是什么事？推开主任办公室的门，校长也在座，我有点蒙了，到底怎么了？几番对话下来，我才搞清楚：一位家长直接把电话打到校长办公室，说我体罚了他的孩子——一个文文静静、学习比较努力的女生。体罚？我怎么可能体罚学生，还是这样一个老实规矩的孩子。

　　我一头雾水，但见校长和主任一脸严肃，我便开始回想到底出了什么事：上学期期末考试之前，我带着学生们复习巩固知识，总有些孩子对讲了很多遍的知识点还是会出错，小玉就是这样的一个孩子。期末考试中，对于几个复习了多遍的成语，她还是写错了。面批的时候我说："怎么还能错呢？拿回去，改八百遍！"改错的学生有好几个，我这"八百遍"的口头语他们都很清楚，是开玩笑的。但是只有小玉，实打实地在暑假中写了……。小玉爸爸说，暑假时，孩子总是在写作业，没完没了，也不让家长看，后来家长拿过来一看，已经密密麻麻写了快一本，再三追问，才知道是我罚她写的。小玉爸爸急了，直接把电话打到校长办公室告了我一状，说我体罚了小玉，使孩子心理受到伤害，要我道歉。

　　我真是委屈极了——为了使基础薄弱的她能把知识点记住，我反复讲解、检查；"改错八百遍"，其他孩子一听就知道是玩笑话，她却当了真。可家长不理解老师的难处，居然直接找校长告状……。这些想法在我脑海中翻腾，眼泪在眼眶中打转，心里满是委屈难过。校长听了我的反馈后说："向家长道歉，这种情况就是体罚，以后要注意！"

告状风波过后，我对小玉的态度有了变化。我对她说话谨慎，不再随便开玩笑，当然也很少有笑脸，有时候对其他学生态度亲切放松，转脸见到她就一下子冷下来——我是"一朝被蛇咬，十年怕井绳"了。

有一回，她小心翼翼地来找我，问我能否给她换个座位，因为她同桌那个淘气的男同学总是欺负她，还把她的书撕破了。我冷着脸回答："我考虑一下吧，每个人都有自己的困难，其他同学还有眼睛看不清楚黑板的，都来找我这个班主任，我也换不开呀！"我明显看到了她失望的表情。座位当然也没有换，我似乎还有点窃喜，好像那个淘气的男孩子为我解了气。

小玉还是那样不多言，不那么开朗活泼，也没什么特长可以表现，大合唱、运动会、艺术节、元旦联欢会等重大活动几乎见不到她的身影，她总是那个默默坐在一边的观众，似乎成了班级的边缘人。开家长会的时候，小玉的家长也似乎有意躲避我，更没有找我了解孩子的情况。

时间过得很快，中考成绩出来，小玉的成绩还可以，考上了本校高中。小玉妈妈来领孩子的成绩条时对我说："老师，这三年您辛苦了，带这么多孩子不容易。我们家小玉是慢性子，做事磨蹭，麻烦您了。还有……，之前她爸爸给校长打电话，说您罚孩子改错词的事，我们后来特别后悔。她爸爸也觉得应该先跟您沟通才对，当时太冲动了。我们开始还担心您会对孩子不好，但小玉说您还是那么和蔼可亲，对她还是那么照顾有加，她还是那么喜欢您，喜欢您的语文课。真是谢谢您了！这一年来，我和她爸爸都不敢见您，心里很愧疚。"我一时语塞，真是不知道说什么才好。后来是如何跟小玉妈妈分手的，分手时说了什么我都不记得了，脑袋里一片空白。我真的像小玉妈妈描述的那样吗？毫无改变，一如既往地对小玉关爱有加、和蔼可亲……。我觉得自己的脸在发烧。

小玉已经毕业了，但愿她能够忘记我曾对她的冷漠和无视。刚刚参加工作的我年轻气盛，本着别人如何对待我，我就要原样还回去的做事态度给了她不少的冷言冷语，也无视她的诉求。几年后，我在吴非老师的《致青年教师》一书中看到："教育者的胸襟，是学生的天地。教师的胸襟有多宽，学生的精神天地就有多大。良师之心境，如海洋一般辽阔，如长空一般高远。"这段话是对我最好的教育。

时光飞逝，转眼我已从事教育工作十八年了，这十八年间我有十五年都在做班主任工作。每每回想起刚刚参加工作时的这件往事，还是有些感慨。家长的心情可以理解，做法也无可厚非。我也经常想起那个叫小玉的孩子，我当年对她的做法会不会一直留在她心里，成为抹不去的伤害？孩子不应该为家长的一些做法买单，作为班主任的我们更不应该将怨气撒在孩子身上。别让我们的无心之过成为真正的失职行为。

（徐速，首都师范大学附属育新学校中学部）

以诚相待　勇于担责

春季开学不久，许多学生还没有从春节的兴奋中走出来，听课质量很不好。对此，我很心焦，常常为学生的一些不好表现着急发火，时不时地会用教鞭"提醒"他们一下。

不知不觉中，天气一下子暖和起来，孩子们纷纷脱去厚厚的棉衣，换上了五颜六色的春装。小艳也换上了一件绿色的薄衫，天性活泼好动的她总像一只小鸟一样飞来飞去。她是我们班成绩最差的一个，因而是我重点关注的对象。

这几天教了一个新知识点，小艳怎么也学不会。可气的是，上课她还总是和同桌说话。我心中的怨气越积越重。课间留她补习时，她又心不在焉，露出很畏难、想退缩的样子，一点儿没有想努力学会的意思。我被她的"愚钝"和敷衍的学习态度彻底激怒了。为了让她知道要用心去学习，我禁不住用手中的教鞭"提醒"了她。不料，这次她竟哭了，还用手捂着胳膊一个劲儿往后躲，显得很疼的样子。我更恼了，我觉得自己并未用多大力，心想你装什么装？哭就占理是不是？哭也得把这几道题做会，于是，我手起棍儿落又敲了两下。就在教鞭落下的刹那，我忽然觉得不对，注意到此时的她已经没再穿着厚厚的冬装，胳膊上只裹着薄薄一层单衣。我猛然惊醒，意识到可能真的打疼了她，于是赶紧放下教鞭，把几道题给她讲了一遍，草草收场。

第二天，我刚走到学校门口，就有三个家长模样的女人拦住了我，问："你是不是康老师？我们是小艳的家长，有件事想问问你。"我立刻意识到是昨天的事。其中一个年轻的家长怒目而视、几次想上前和我理论，都被一个年长点的家长给拦住了。我知道事情比较严重，赶紧请她们去办公室谈。没想到，快走到办公室门口时，年长的家长停了下来，对我说："康老师，办公室就不用去了，我们在这儿说吧。"我心生感激，认为她是不想让过多的人知道这件事！

我们在一个相对偏僻的地方谈了起来。此时，一直怒目而视的年轻家长再也忍不住，拿出手机递到我面前质问："你看看你把我们家小艳打成什么样子了？你怎么就那么狠？怎么就下得去手！刚才我看到你的孩子也那么小，你舍得这么打自己的孩子吗？小艳胳膊上的伤我们都用手机拍下来了，看得出来你绝对不止敲了一下。"我从照片中看到小艳胳膊上的一道道淤青，知道自己真的下手重了。此时我既紧张又担心，如果她们以此去教育局投诉我体罚学生，后果是很严重的。这时，一直没有说话的另一个年轻女人发飙了："这些都是证据，我们只要发到网上，你也知道后果会怎样。"我心里愈发紧张起来，看家长的态度，事情对我严重不利。

年长的家长这时才上前一步说："我是小艳的姥姥，她是小艳的妈妈，她是我们的一位朋友。"介绍完，朋友身份的女人说："我们证据在手，告你一告一个准。"听了这话，我更紧张甚至害怕。小艳的姥姥制止住了她，对我说："我们不是来闹事的，要不然就不会来找你，而是直接去教育局了。假如我们把这件事投诉到上边，可能你今后的工作都会受到影响。你还这么年轻，我们不想那样做。我们今天只想问问情况。"

面对这样的家长，再想想自己做的事，我除了羞愧还有什么好说的呢？自己身为师者的素质呢？学生不会做题，自己不是想办法教会她，而是简单粗暴地用手中的教鞭去让她长记性。难道没有更好的解决问题的办法吗？自己的耐心和爱心呢？教鞭落下的时候，自己考虑小艳的感受了吗？可人家家长反而考虑了体罚事件会对一名年轻老师的职业生涯产生影响，只想了解情况，只要求我以后注意教育方式，不再使用体罚。

于是我详细讲述了昨天的事情经过，并且介绍了小艳的学习情况，没有遮掩，没有数落，同时承认自己做错了。等我说完，家长又介绍了自己的家庭情况，并和我共同探讨了如何提高小艳学习成绩的问题。最后，小艳的姥姥说："康老师，你今后不能因为这件事就不再管小艳了，还得好好教孩子，让她进步。"我真诚地答应了。

这件事给我的触动很大。反思这件事，我当时如果因为担心承担责任，害怕事情的后果而遮掩、推责，可能就真的彻底激怒家长了。除了自己的坦率和真诚外，自己平时对学生的关爱和负责应该也起了很大作用。比如，自己平时经常对小艳进行课外辅导。由于自己在学生和家长心中的形象并不坏，他们才会把事情当作偶发事件看待，才会在我真心认错的基础上原谅我。事情来了，躲是躲不掉的，遮掩和推责更是愚蠢的做法。再者，之所以会有这样的事情发生，和自己平日好动手"提醒"学生学习的不良习惯有关，今后我应杜绝不当言行。

（康双成，河南省焦作市修武县实验小学）

协调，化解家长与任课教师的矛盾

"鸡蛋里挑骨头"的背后

那年我当八（2）班班主任。春季学期开学不足半月，教物理的王老师请病假，教务处就安排李老师接替。李老师虽然年轻了点儿，但工作勤恳认真可是出了名的。李老师的教学水平和工作态度，很快得到了学生的认可。

谁料，一天早上李老师来到办公室，委屈地对我说，他从教务处得知，他被某家长投诉了！投诉内容是"李老师上课态度不认真"，建议学校"尽快将李老师换掉"。但学校并未告诉李老师是哪位学生家长投诉的。

我觉得这其中必有隐情："上课态度不认真"，如此描述笼统而模糊，难免会有主观臆断之嫌；"尽快""换掉"这样的措辞足以说明家长很情绪化。当李老师问我该怎么办时，我并未急于给出建议，而是像拉家常似的，先向李老师了解物理课上学生的纪律状况。当我习惯性地问李老师"有没有需要我帮助的地方"时，他先是微微怔了一下，而后显得颇有些难为情："几天前，董斐同学在物理课上讲小话，被我在班里点名批评后很不服气，这几天好像一直在生我的气……"此时，凭我的直觉，"答案"已经浮出水面：孩子年龄稍大一些，开始"重形象、讲面子"了，当"自尊"受到伤害时，就可能对老师"鸡蛋里挑骨头"甚至歪曲事实。家长偏听偏信，于是向学校投诉。这一点，我很快便从教务处及董斐那里得到证实。

毕竟孩子有错在先。于是，当天中午我就抽空对董斐进行了家访。在我的引导下，董斐在父母面前道出了事情的"真相"。听罢，家长不仅严厉责备了孩子，更为自己轻信孩子而做出的莽撞举动懊悔不已。当谈到作为老师我完全可以理解并原谅孩子的行为时，家长很感激。我顺势建议家长，通过电话向李老师解释一下"这只是个误会"。家长很通情达理，表示要给李老师亲自道歉，并要求孩子下午就向李老师承认错误。孩子羞愧得一语不发，只是默默地点头……

就这样，一场"鸡蛋里挑骨头"的投诉事件被轻松化解了，一切又都回到了往日的宁静。面对家长的投诉，同事出面，往往可以避免不必要的尴尬。真诚对话与沟通，才是解决问题的良策。

（刘向权，安徽省亳州市利辛县利辛中学西校区）

小贴士

遭遇家长投诉，"三思"而后行

首思"为什么"，勿思"凭什么"

为什么： 家长为什么投诉我作业过多？如果我的孩子遇到这种情况，我会怎么做？有两次我看到自己儿子写作业写到下半夜，心疼得不得了，也会埋怨老师留作业太多。"己所不欲，勿施于人"，现在孩子正长身体，需要充足的睡眠，看来我是应该改变题海战术，有选择地布置家庭作业了。

凭什么： 凭什么投诉我？留作业还不是为了学生的成绩好？又想要成绩又想要孩子不累，天下哪有这样的好事？家长为什么就不能理解我们老师的良苦用心？再说，嫌作业多、完不成作业是个别现象，其他学生能完成呀！怎么不在自己孩子身上找找原因。

两个人交流时，有时不是"真正的你"和"真正的他"在交流，而是"他以为的你"和"你以为的他"在交流，结果就可能出现沟通不畅甚至产生误解的现象。上述两种截然不同的思考角度：前者为换位思考，班主任真正站在家长的立场上，从学生和家长利益出发，体谅、理解家长的心情与感情，这是班主任正确对待家长投诉的思想基础，有了它，问题就会迎刃而解；后者则完全秉承"以为"的交流原则，只从班主任个人立场出发，责备家长，指责学生，这只能成为解决问题的阻碍。

再思"不到位"，勿思"有苦劳"

不到位：为什么家长单单投诉我不给学生发言机会？既然孩子感觉到了不公平，并且向家长诉说，这就说明我的有些做法确实在孩子心里留下了阴影。看来以后我要格外关注这个孩子，给他更多的展示机会。

有苦劳：我已经很一视同仁了，孩子自己不配合、不主动，天天上课像观众一样，不举手、不抬头、不张嘴，我有什么办法？我又不是你一个孩子的私塾先生？

上述两种思考角度：前者着眼于检视自己的工作态度及方法的欠缺，并努力思考如何弥补遗憾、修正错误，既有关爱学生之心，又思提升自我之道，属于冷静成长型教师；后者只着眼于学生的缺点，一味批评学生，不苦学生之苦，不急家长之急，属于抱怨型教师。我们要做不抱怨的班主任，要做冷静成长型教师，这样工作才会更快乐，更有成效。

三思"怎么办"，勿思"大撒把"

怎么办：这个孩子性格内向，这次打架事件对他的影响肯定不小，也给他的家庭带来了麻烦。事态已经到了这一步，不能硬碰硬，我应该和双方家长、学校合作，尽快找出解决这件事的最佳方法，大事化小，小事化了, 让家长和孩子尽快稳下心神, 安心生活和学习。

大撒把: 家长怎么不亲自到学校来看看自己孩子课间怎么活动、怎么与老师同学相处的? 学生打架, 一个巴掌拍不响, 你家孩子也不是省油的灯。实在觉得孩子受气, 可以转学; 对我不满意, 可以要求换班主任。反正也投诉了, 直接上交政教处来处理吧!

上述两种截然不同的思考角度: 前者是积极寻求解决策略, 力求保护好每一名学生及其家长的切身利益, 将对他们心灵的伤害降到最小; 后者是消极地躲避风险、推卸责任, 结果只会导致事态恶化, 不仅会给学校的工作带来不良影响, 也会给学生和家长的心理造成不可挽回的伤害。

学生因为年龄、心理、认知和人生阅历的局限, 向家长表述问题时大多以个人认知为主、为准, 有时难免会和事实有出入; 家长爱子情深, 护子心切, 难免急于投诉。家长投诉, 通常会经历愤怒、交流和信任三个阶段。面对家长投诉, 班主任要三思而后行, 经历心平气和、交流和实施三个阶段, 将事情圆满解决。这是教育发展的必然规律, 也是班主任成长道路上的必经拐点。

(徐红霞, 河北省沧州市第九中学)

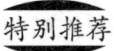

特别推荐

明立场、讲方法、重技巧
——论家长投诉之应对

小玥这周回来比较生气地对我们说:"班级某学科成绩差是老师的问题, 老师上课时的状态不对, 老是无精打采的。而且老师好像没有充足备课,课程内容比较乱，讲的知识点零散，课讲得也不是很清楚，因此老师在上面讲课，底下总有人问同桌问题。班级纪律很差，老师也不怎么管，似乎没有意识到自己的问题……"

这是高二上学期综合检测后小玥父亲写给我的邮件，投诉指向某学科任教老师的教学水平、课堂组织教学的能力和教学态度。

面对投诉，作为班级管理者、各学科教学的综合牵线人，我倘若对这封信置若罔闻，那么家长会对学校、班级的管理产生不信任感；拿着这封信和孩子当面对质，则会加剧学生对该老师的抵触情绪；贸然以信中的内容去质疑任课教师，可能会挫伤教师工作的积极性，不利于团队合作。投诉已至，别无他法，只能寻求最佳途径破解困局。北京教育学院的张红教授将班级管理中问题解决的方法论与方法总结为"立场、方法、技巧"，我深以为然。处理好家长投诉问题，班主任同样需在立场、方法、技巧问题上做好文章。

立场：摒除负面情绪，家校齐心

虽说家长投诉指向的不是我，但物伤其类，我为该任课教师感到不平。我与该教师合作多年，她教学业绩突出，学生评价颇高，这封信中明显有歪曲事实之嫌。但负面情绪不能解决问题，只会导致矛盾的加剧。

首先，班主任需承认家长投诉这一举动的合理性。"投诉"是指公民或单位认为其合法权益遭受侵犯，向有关部门请求依法处理。"认为"不等同于客观事实。当家长对学校管理、班级管理、教师教学水平产生怀疑，或认为自己的孩子在学校受到不公平对待以致合法权益受到损害时，他们有投诉的权利。基于此，我们不能把家长的投诉视为洪水猛兽，直接否定家长的认知，而应探求认知产生的来龙去脉。

其次，班主任应意识到投诉与处理投诉有共同的基点：对学生成长的关切。家长之所以坦诚地与班主任沟通，不避讳地反馈孩子对某学科老师的看法，是出于对孩子的爱，希望班主任帮忙解决问题。尽管爱有时是盲目的，以致家长偏听偏信孩子的一面之词，但我们要对家长予以理解。班主任营造良好的班级氛围，及时了解班级动态，协调好任课教师与学生的关系，也是基于"以学生为本，为了学生成长"的认识。班主任处理投诉应以双方对学生的爱为突破口，取得家长的信任与理解，消除隔阂，解决矛盾。

面对投诉，班主任只有摒除负面情绪，换位思考，避免过激、偏狭，以积极的态度去面对，家校才能形成合力，问题才能得到妥善解决。

方法：规范处理过程，行事有序

随着社会的进步与发展，家长维权意识日益增强，班主任处理投诉时需遵循相关的法律法规以及学校制定的学生及家长投诉受理、处理制度，断不可随意为之。我是按以下步骤，审慎地处理了本次投诉。

第一时间做出反应。换位思考，家长投诉后会心存期待，希望班主任尽快予以解决，保护孩子的合理权益。所以接到邮件后，我第一时间给予回复，感谢家长对我的信任，我会尽快调查情况，解决问题，并反馈给家长。

向学校相关领导汇报。采取该措施主要基于以下考虑：家长投诉涉及任教老师的教学能力、教学态度，进而关涉本校教师形象、教育质量，一旦尚未被查实的问题被宣传出去，学校工作就会陷入被动，教师形象也会受损；学生小玥是高二时刚转入我班的，其性格略显固执，看问题角度偏颇。邮件反映出该生对该学科教师存在抵触情绪，这容易引发其心理等方面问题，需要学校及其他任课教师予以关注。

深入班级开展调查。我在课下找了班委及部分学生，包括新入班的学生进行谈话，了解开学以来该学科的课堂情况，主要围绕老师上课状态、教学内容、教学节奏、课堂纪律、作业布置与批改几个问题进行交流。此外，我还找了该任课教师，了解小玥的课上、课下学习情况。

经过调查分析，隔阂产生的原因浮出水面：该老师声音比较柔和，语速相对较慢；近阶段由于学科教材中单元设置的问题，知识点相对比较零散；班级有个别学生上课听课状态不佳、领悟能力差，当跟不上老师思路时，急于向周围同学发问；因为该老师性格温婉，新入班的个别学生上课趁机和其他同学说话，有时和老师打岔……

推心置腹进行沟通。 我找到了小玥，没有谈及她爸爸写给我的邮件，而是去了解她来到新班级后一个月以来的生活、学习情况。在交流中，我得知小玥性格受父亲影响较大，看问题消极、情绪化，有时爱走极端。我尝试着引领她换个角度想问题：教师的说话方式、讲课风格是长期形成的，不可能一朝一夕改变，而且众口难调，也不可能因为一个学生的好恶而发生改变；知识点零散，恰恰是提升自己梳理知识体系能力的机会，当自己难以独立完成时，可以寻求老师的帮助；来到一个新班级，尽快地熟悉环境，融入集体，以宽容之心去看待那些课上管不住嘴的同学，用自己的专注来影响他们，同时，自己也应该增强抗干扰能力。看得出来，小玥的心有所触动。

后续工作对症下药。 和该任课教师达成意向，让小玥做她的课代表，给小玥提供近距离接触老师的机会。相信一段时间后，她也会像其他学生一样，喜欢上这个温婉的老师。把小玥的座位适当前移，给她创造相对安静的听课空间。她答应我，专注力提升后再换回到原来的座位。

孩子的性情往往是原生态家庭作用的结果。小玥的工作做完，我又给小玥爸爸打电话，既是反馈，又是沟通。我还给小玥爸爸提供了一些家庭教育类书单，希望他能正确解读孩子的心灵密码，做好孩子的引路人。

此外，从交流中我发现，小玥因为该学科的成绩不佳，向家长汇报成绩时辩解乏力，便将过错推到任课教师身上，这属于"归因偏差"。班上有些孩子也有"外归因"的倾向，当成绩不佳或不被集体接纳时，他们往往将错误、失败、不顺归结为他人的问题。家长又为爱所蒙蔽，矛头就可能指向学校、老师或其他孩子。针对这种情况，我专门组织召开了"打败'归因偏差'君"的主题班会课，引导孩子们正确对待成败，客观分析原因。

技巧：找准症结所在，化解危机

在处理投诉的过程中，我们往往关注事情本身，就事论事，简单粗暴。实际上，问题的根源往往是人的问题。人的问题没有得到解决，投诉事件会一再发生。如果处理结果如小玥父亲最初所愿："换掉该老师"，那么寒的将是老师的心，毁的可能是小玥的人生。在化解这场危机的过程中，我关注的是小玥对该任课老师的认知偏差从何产生，如何扭转学生的偏激认识，如何引导学生在以后的人生道路中换位思考、正向思考。

工作中，我竭力发掘投诉者的心灵闪光点：小玥父亲没有直接找学校领导，而是向班主任进行投诉，说明小玥父亲信任我；投诉信中，他转述孩子回家的话不避讳，很坦诚；小玥回家生气，不仅是因为自己学科成绩差，也是为本班该学科成绩整体不佳而着急，有集体荣誉感……。带着欣赏的眼光，去捕捉人性中的善与美，在处理投诉时便会多些包容，家长也能感受到你的善意。

当面对家长投诉时，班主任应心怀坦诚、友善、体谅，以解决问题为目的，找准症结所在，有序处理投诉。当然，能未雨绸缪，做好班主任的各项工作，在问题显露之前化解矛盾，消弭争端，避免被家长投诉，更是班主任的智慧之显。

（邓文卓，首都师范大学附属中学高中部）

专家视点

理智认识和对待家长投诉

对家长的投诉，我们需要理智认识和对待。

一 认可和尊重家长的投诉权利

首先，《中华人民共和国教育法》第四十三条规定："受教育者享有下列权利：（一）参加教育教学计划安排的各种活动，使用教育教学设施、设备、图书资料；（二）按照国家有关规定获得奖学金、贷学金、助学金；（三）在学业成绩和品行上获得公正评价，完成规定的学业后获得相应的学业证书、学位证书；（四）对学校给予的处分不服向有关部门提出申诉，对学校、教师侵犯其人身权、财产权等合法权益，提出申诉或者依法提起诉讼；（五）法律、法规规定的其他权利。"即学校、教师侵犯学生人身权、财产权以及上述（一）、（二）、（三）条权利的，受教育者有权投诉。当受教育者是无行为能力人和限制行为能力人时，作为他们的监护人，家长有权利代为申诉和投诉。

其次，教育是社会公益事业，社会有监督和批评的权利。家长是教育经费的重要投资方，同时也作为教育利益的紧密相关者，对学校和教师具有当然的建议权、监督权和批评权。家长的参与、监督、批判乃至于投诉，可以帮助学校和教师审视、反思自身的管理与教育工作。教育投诉提供了表达意愿和意见的渠道，这是化解双方冲突的正常途径。

从以上两方面看，作为教师，我们必须认可和尊重家长的投诉权利。可以说，随着家长参与意识和权利意识的觉醒，通过投诉的方式对学校的管理行为和教师的教育行为表达意见，可能会成为家长和学校互动的一种常见方式。对此，学校和教师需要坦然面对，冷静而理性地做出应对。

二 反省自身教育教学行为的合理性

面对家长的投诉，学校和教师首先要反省自身管理工作、教育教学工作的合理性。

一名四年级的学生在课堂上玩手机，老师暗示了几次，该同学都没有收敛。于是老师收缴了该同学的手机。该同学很激动，要求老师把手机还给他。老师当然不愿意还，于是该同学冲到窗口威胁说："你还不还？不还我就从窗口跳下去。"老师无奈之下只好把手机还给了他。针对这件事，老师叫来学生家长通报相应情况，并要求家长加强教育。没想到家长却责备这位老师不会教育、不会处理。争吵之下，该同学家长说要向校长投诉。老师很受伤，到处抱怨："现在的家长真是冥顽不灵。"

是家长冥顽不灵还是教师的自身教育行为不合理？在我看来，还是教师首先要反省自己的教育行为：学生在课堂上玩手机，老师当然该管，但是不是一定要采取收缴手机的方式？对四年级的学生来说，手机在他心中是一份很重要的财产，在没有说明的情况下被老师收缴了（他以为老师不再还给他了），就很可能导致他的过激行为。如果这样理解了学生，我们就可以尝试改变一种处理方式。不是不加说明地收缴手机，而是对他说："玩手机会影响你的学习，手机在你旁边你就会控制不住自己。这样，你自己把手机放在讲台上，下课时自己拿走，以后不要带手机进教室了。"这会不会就避免了学生出现过激的举动呢？再站在家长的角度想，自己的孩子居然有想跳楼的冲动，他着急不着急、担心不担心呀，他怎么可能心平气和不冲动？这样去思考，我们就会发现，家长采取投诉的方式固然未必妥帖，但这也是一个可以理解的举动。

通过这个案例，我认为，我们教师要想减少乃至避免家长投诉，首先还是"打铁先要自身硬"，提高自己的教育教学能力，使自身的教育教学行为规范、合理、有智慧，这是避免投诉的首要条件；其次，面对投诉，自己先要自查一番，看一看有没有不合理、不妥当的教育行为？家长的投诉是否实事求是？是否可以理解和接受？在此基础上，我们再根据情况采取合理的应对措施。

三 积极主动地和家长沟通

应该承认，对于大多数家长的投诉，教师可以通过彼此的沟通，达成理解和谅解，并找到解决办法。需要注意的是，在和家长沟通时，教师要注意沟通的技巧，把握沟通的艺术，建立相互尊重、相互理解的沟通氛围和对话关系，有据、有礼、有节地和家长沟通，引导家长和自己一起解决问题。

某小学实行学生在教室里集体吃午饭的制度，规定由班主任为学生分发饭菜。一位刚入职的女教师出于锻炼学生的动手能力和自我生活能力的考虑，采取由学生轮流承担分饭菜任务的办法。但不久后，一位家长就打来电话，称自己的孩子中午在学校总是吃不饱，这是因为分饭的小朋友分饭不均。这位家长认为教师这样做是为了减轻工作量、推卸责任，要求教师改正这种做法。

面对这样的投诉，我们就可以尝试这样的沟通。

"辛苦您打来电话，给您带来了麻烦，对此我表示歉意。（意图：平息家长可能存在的冲动情绪，但先不讨论这件事情的对与错，既不要说自己错了，也不要说家长错了。）

"我是一名新教师，在工作中肯定会有很多地方做得还不够完美和理想，您能打电话来提醒，这可以帮助我反省和改善自己的工作。我对您的关心和帮助表示感谢。（意图：一是要承认自己的不完美；二是要把家长的电话理解成出于善意、说成是出于善意，这可以引导家长从善意与关怀的角度对待和处理类似的事情。）

"您的孩子没有吃饱，过去我没有关注到，看来我还不够细心，对此我要表示歉意。（意图：正视问题不回避，向家长表达自己是一个通情达理的人，自己如果做得不好就愿意改正。）

"我自己分饭菜要简单得多，工作量也要少得多，组织学生分饭菜对我来说要麻烦得多，而让学生轮流承担分饭菜的任务，主要还是为了锻炼他们的能力。（意图：可以对家长的误会、曲解做出直接的解释和回应，以促进家长理解，避免家长误会，同时也避免家长以这样的借口继续纠缠。）

"为了锻炼学生，今后我还想继续让他们来分饭菜，但我想做出以下改进：对您的孩子我会提醒他们多加一点儿，保证他能吃饱；您也可以对自己的孩子说一说，如果没有吃饱，可以自己再来加的。孩子如果学会主动表达自己的愿望和诉求，这对他今后的成长和适应社会生活是很有帮助的。"（意图：说出自己准备的改进，表达自己对家长意见的重视，同时引导家长正确地对待类似的问题。）

我以为，和投诉的家长沟通，当事教师自己直接出面是必须的，这才能表现出愿意解决问题的诚心以及自己担当责任和解决问题的勇气。但具体问题总是需要具体分析，有时候在自己出面之前，请同事或朋友先行试探、沟通，效果可能会更好一些；而在自己沟通不畅后，也可以请相关领导、同事进行事后沟通和补救。

（四） 必要时可以拿起依法执教的武器应对

必须承认，应对家长投诉，沟通并非万能的。在沟通无法解决问题的时候，最后的应对方法就是拿起依法执教的武器。

依法执教主要是指教师要依据法律法规履行教书育人的职责，依法行使教书育人的权利。它的含义包括两个方面：一是教师的教育教学行为要在法律法规所允许的范围内进行；二是教师要善于利用法律手段来维护自身的合法权益。如果家长的投诉和相应的处理侵犯了教师的合法权益，教师就要勇敢地拿起法律武器，维护合法权益。教师捍卫法律尊严、积极的守法行为本身就有为人师表的作用，它可以树立用法、维法的榜样，引导社会成员确立法律信仰。

家长投诉无非是要当事教师承担相应责任。教师是否应该承担责任，这涉及归责问题。所谓归责，即责任的归结和归属，是指侵权行为人的行为导致损害事实发生后，应依据某种根据使其负责。归责原则是归责的基本规则，是确定行为人侵权民事责任的根据和标准，它运用法律判断价值功能，使行为人承担适当的法律后果。在教育伤害事故中的归责原则上，只能适用过错责任原则。

所谓过错责任，是指以过错作为确定责任的要件和确定责任范围的依据。这里有两层含义：一是过错责任原则要求以过错作为确定责任的构成要件。即确定当事人的责任，不仅要考察当事人的违法行为，还要考察当事人主观上的过错（包括故意和过失两种情况）。若当事人没有过错（如侵权行为是因不可抗力造成的或由受害人故意造成的），则当事人不负责任。二是过错责任原则要求以过错作为确定责任范围的依据。即在已经确定当事人应承担损害赔偿责任的情况下，还应当根据当事人的主观过错程度来确定其所应承担的责任范围。简单地说，构成过错责任的必要条件只能是过错，而不是损害结果，有过错则有责任；没有过错就没有责任。过错的大小与责任范围相一致。

面对家长投诉，我以为，教师至少在以下几种情况下是应该运用法律武器维护自己合法权益的：一是家长不实事求是，故意诬告、诽谤，给自己名誉带来损失的；二是自身的教育教学行为不存在过错，自己不应该承担责任而承担了责任的；三是自身行为存在过错应该承担责任，但自己承担责任的大小超出过错性质和大小的；四是家长自行采取强制措施（比如辱骂、殴打）让教师承担责任，以致侵害教师人身权利和财产权利的。

六年级的一位老师正在上课,有个学生一直在捣乱,老师多次干涉都无效,就叫孩子起来站到角落里去不要影响别人,但该生不动,于是这位老师用手将其推到角落,在推的过程中不小心使孩子的额头撞到了桌子。学校的几位老师立刻将孩子送往附近医院检查,医生说只是皮外伤,并无大碍,擦点儿药就可以了。但家长始终不放过上课老师,一口咬定是老师殴打学生,狮子大张口地要求学校和老师赔偿。

在这个案例中,教师对学生的违纪行为有管理责任,但在实施管理行为的过程中,教师行为有不当之处,对学生造成了伤害。因为行为有过错,所以教师就应该承担一定的责任。但家长把教师管理中的过失行为说成故意殴打,以此要求学校和教师承担超出其过错范围的赔偿责任,学校和教师是不能接受的,因为接受本身意味着纵容,会导致更多的管理和教育方面的麻烦,这时就需要学校、教师拿起依法执教的武器,维护自身合法权益。学校维护合法权益的行为,可以对家长和社会起到普法和警示的作用。

应对家长投诉,学校、教师都要有证据收集和辨别意识。比如,在学生分饭菜吃不饱的案例中,如果面对的是胡搅蛮缠的家长,教师就要有证明让学生分饭菜不是自己在减轻工作量、推卸责任,而是在培养锻炼学生生活能力的证据;在家长说老师殴打学生的案例中,教师就要收集自己的行为是出于教育惩戒的过失行为,而不是殴打学生的故意体罚的证据。需要说明的是,收集证据本身应该实事求是,不能故意捏造或伪造证据,以逃避自己应该承担的责任。

特别需要强调的是:根据过错责任原则,有过错且造成了损失就应该主动承担责任。意识到要承担责任,并学会承担相关责任本身,可以促进我们尊重学生权利,依法履行教育义务,不去触犯法律和教师职业道德的底线。《论语》有云:"君子怀刑,小人怀惠。"法国哲学家保罗·里克尔认为,经由害怕而不是经由爱,人类才进入伦理世界。

（陈大伟,成都大学师范学院教授）

6

家长只关心孩子的学习成绩，
怎么办

澄清观念，让家长关注成绩之外

有许多事情比成绩更重要

许多事情的主次只有在艰难的割舍中才能让人厘清，因为只有在割舍中，人们才能真正学会对比和思考。

在与家长交流中，我感到不少家长过分关注孩子的学习成绩，而很少问及孩子在校其他方面的表现。难道在家长们心中，孩子的成绩真的重于一切吗？怎样使家长们认识到，只关心孩子的成绩是一种错误观念，对孩子的成长不利？

我费尽心思，却没有找到好办法。突然，我想起了一个故事——"一生中最重要的人"：在美国的一所大学里，一位教授让一个女生写下难以割舍的二十个人的名字，然后依次划掉她认为最不重要的人。在一次次忍痛割舍后，女生流着眼泪把丈夫的名字留到了最后。是痛苦的割舍让她思考并明白谁是自己一生中最重要的人。回味着这个故事，我想，我应该让家长们也在割舍中明白：在孩子成长过程中，有许多事情比成绩更重要。

新学期开学不久，我便召开了一次家长会。会上，我给每位家长发了一张卡片，卡片内容如下：

在孩子的成长过程中，您认为这几项中哪一项最不重要，请划掉。				
身体健康	心态阳光	成绩优异	自强自立	品行端正

家长们都犹豫了好久，才开始动笔。当家长们交上选择卡时，表情都很凝重。我与家长们一起统计了选择结果，我惊喜地发现，所有家长划掉的都是"成绩优异"。

统计之后，我请家长们谈一谈自己选择过程中的思想斗争过程及想法。他们纷纷表示：这五项都太重要了，比来比去，除了"成绩优异"外，舍弃其他任何一项，孩子都不能成为一个最基本的、健全的人，所以他们艰难地划掉了"成绩优异"这一项。

家长们感慨万分。小儒妈妈说："从来没想过孩子成长中还有这么多比成绩更重要的事。"我与家长们一起分析讨论缺少哪一项会是什么样的后果，最后我告诉他们："不是成绩不重要，而是有许多事比成绩还重要。作为家长，我们关心孩子的成绩没有错，但不能只关心孩子的成绩。"家长们纷纷点头。

从此，家长们的眼界放宽了，不再只关心孩子的成绩了。

（赵春梅，吉林省蛟河市庆岭镇庆岭金城小学）

一次特殊的家长会

为了解决家长只关心孩子学习成绩的问题，我决定在家长会上想想办法。

家长会前，我对教室进行了特殊的布置。教室两边的墙壁上贴满了A4纸，纸上的内容都是从网上下载的近几年全国各地中小学生迫于学业压力而弑母、弑师、跳楼、割腕、自残、逃学的新闻，以及教育主管部门发布的关于学生体质状况的权威报告。后墙板报上则抄写了10条有关道德修养、为人处世、身体锻炼的名言警句。

上午 8 点，学生和家长陆续来到教室，却少有人去看墙上的东西，都在静待家长会开始。这时，我走进教室说："我们把家长会安排在第二节课，第一节课先请家长们自由活动，但请不要离开教室，不要影响其他班上课。你们可以到处看看，教室里为你们张贴了很多资料，也许你们会感兴趣的。"为避免有人问我成绩单的事，说完我就赶紧离开了教室。

第二节课一开始，我就打开电脑，大屏幕上显示出"比知识更重要的是什么"几个大字。

"今天的家长会，我想跟大家讨论一个问题。"我侧身指了指屏幕，"如果有家长是专门来领成绩单的，可以先离开。"

也许是看了墙上粘贴的资料的缘故，家长们没有一个离开。

几秒钟沉默后，我说："我先问大家一个问题，新闻里的这些孩子走向了弑母、跳楼的极端，谁知道是为什么吗？"

"父母管得太严，太霸道。"

"孩子学习压力太大，成绩下降，考得不好，家长动不动就训斥、打骂，孩子受不了。"

"孩子还小，心理很脆弱。我以前看到孩子用功就高兴，从来没有去考虑这方面的问题。"

"这些孩子的思想品质有问题，多大的事啊，怎么能去杀自己的母亲和老师呢？"

"对于孩子，我们满脑子担心的只有他的成绩，从来没有考虑他还需要什么。"

······

"大家说得好极了！我还想请大家思考一个问题，假如我们的孩子十年寒窗苦读，终于考上了大学，后来还做了大官，您高兴吧？可是没想到，他利用手中的职权，贪污受贿，危害国家利益，最后受到了法律制裁。这不叫人寒心吗？您知道问题出在哪儿吗？"

"做人要心肠好，这个可不敢马虎。"

"是啊，家长们，其实还有很多东西比知识更重要。大家可以谈谈自己的认识。"

"孝心重要，养个逆子害父母，我宁愿绝后。"

"人品重要，孩子长大后害人害己，我老脸都没地方放。"

"现在有的孩子打架、沉迷网络等，是该管一管了。"

"还是品德重要。要是养个逆子，养个黑老大，养个吸毒鬼，养个罪犯，我宁愿他是个傻子。"

"身体也重要。新闻里说，800 米都跑死人，胖墩儿越来越多，得慢性病的也越来越多。"

"是啊，身体有病，就什么也没有了。"

"品德、身体、生命，都贵于知识。大家能认识到这一点，我很高兴。可是有个问题又出来了，怎样正确处理知识与品德、生命、身体之间的矛盾？希望大家回去多多思考，也欢迎大家多与我交流。"

相信这次家长会后，家长们再也不会只把眼睛盯在孩子的学习成绩上了。

（范军，湖南省隆回县荷香桥镇中学）

正面激励，用赞美引领家长

赞美孩子，也要赞美家长

家长眼里只有孩子的学习成绩，对其他方面都不怎么上心，也不配合老师的工作，这种现象在每个班级都存在。为了赢得家长的支持，促进孩子的全面发展，我采用赞美家长和学生的方式引领家长转变教育观念，收到了理想的效果。

每天的晨会和晚点是我班孩子最期盼的时刻。晚点时有一项重要活动，就是孩子互相说说自己发现的身边同学的美。为了让每个学生都有机会发言，我们先在小组内推举"最美典型"，在全班赞美一番。最后推选出一个"最美学生"，享受老师为他写赞美文的荣耀。

第二天晨会上，我用大屏幕出示赞美文。学生一边看着屏幕，一边听我动情朗读。那种发自内心的赞美，让孩子们好生羡慕。每次念完后，孩子们都会自发地鼓起掌，并且掌声热烈而持久。

丘吉尔说："你要别人具有怎样的优点，你就要怎样去赞美他。"赞美文内容涉及孩子的学习态度、作业书写、争当小老师的情况，在学校及班级各项活动中的表现，责任心、爱心、班集体荣誉感、服务意识、抗挫能力等方方面面，当然还要根据每个孩子的不同特点，在内容选择上有所侧重。教师一定要用心写，写出自己的欣赏与感动；还要动情读，读出自己的真情实感。这样才能打动每个孩子，从而更好地引领孩子发展。

更重要的是，每篇赞美文的最后，我都要把家长赞美一番。由赞美孩子自然过渡到赞美家长，水到渠成，孩子也愿意把这份喜悦和荣耀传递给自己的家长。

下面是我赞美学生的美文节选：

小扬，你是我眼中的小星星，因为你的身上总闪耀着光芒。责任面前，你有担当；荣誉面前，你会谦让。课堂上，老师从不会忽略你，因为你的小手频频举起，且见解独到；无论什么工作老师都愿意安排给你，因为你的责任心很强，是个让老师信得过的孩子；身为小组长，你有很强的组织能力；学校的舞台上也经常闪现你的身影，赢得了老师、同学的一致好评……。优秀孩子背后肯定有一对优秀的父母。还记得开家长会时的情境，你妈妈争着帮老师分发资料，会后又主动帮老师整理桌凳；为组织同学参观核电站，让同学们增长见识，你的父母又是协商领导，又是联系车辆，整个活动全程陪同，还安排专人为我们拍照，让我至今想起还感动不已。小扬，有这样优秀的父母陪伴你成长，你是多么幸福！老师相信，从不虚度时光的你，一定会有光辉灿烂的明天！

小涵，你的作业一天天进步，这样乐于上进的孩子，谁不喜欢？虽然你个子不高，但很多活动你都积极参加，并且取得了优异的成绩：长跑训练时，每次你都尽自己最大努力跑；在跳绳方面，你也是佼佼者。班上的工作你样样都挂在心上，当我们使用拖把时，就会想起这些拖把是你为班级置办的；我们班的去污粉，也是你带来的。再多的事安排给你，你都能欣然接受，而且完成得很漂亮……。我知道，你之所以这么优秀，是因为你有一个优秀的妈妈。班级上的活动，她总是千方百计抽时间参加。我知道她是想多陪伴你成长，更是为了支持我们的班级工作。我还知道，你带来的去污粉、拖把，都是妈妈准备的。有这样的好妈妈陪你成长，你怎能不优秀？

小琼，你知道吗？我总在悄悄欣赏你。你办黑板报时，轻盈地爬上爬下，动作麻利，构思巧妙，很有自己的主张，并且精益求精；你办的手抄报，张张都是精品；课堂上，你注意力集中，且善于思考，总能提出一些有价值的问题；对同桌的帮助更体现了你的耐心和责任心；作为学校红领巾监督岗的成员，你总能按时出现在监督岗上，认真督促同学排队走路，并能按照规则进行奖惩……。好孩子，表扬你时，我的脑海里总会浮现出你妈妈的笑脸。开家长会时她主动帮老师分发材料，会后主动留下帮老师打扫会场。我们班组织的各项活动，她总是尽可能地抽出时间来参加。更让我感动的是，她为我们班建立的亲子成长QQ群，为家长之间、同学之间的交流搭建了很好的平台。她还经常发一些励志小故事，说一些激励的话语，让我们班的亲子群真正成了加油站，作为班主任的我也自愧不如。我总在心里默默感谢她。小琼，你是幸福的孩子，因为有这样的好妈妈陪伴你成长。

　　我能够想象出，被赞美的孩子回家后与家长分享快乐的幸福情景，这是对孩子和家长最好的激励。我也能够想象出，还没有轮到被赞美的孩子，

对老师的赞美是多么期待，他们每天回家与父母交流的很可能是对被赞美孩子的羡慕，同时也可能把被赞美家长的做法和表现告知父母。而家长为了帮助孩子早日实现获得老师赞美的愿望，很可能会尽力按照美文中引领的那样去做。渐渐地，家长们就会转变观点和做法，由只关心孩子的学习，到关心孩子的全面发展；从只关心自己孩子的事情，到关心班级的事情。

如今，我们班级举行的各项活动，不但孩子们踊跃参加，家长们更是支持配合并积极参加，而且在活动中各显所能，力争有好的表现。同时，他们在活动过程中互相交流、互相学习，与孩子共同成长。

（梁建丽，山东省荣成市府新小学）

现身说法，用事实教育家长

家长的转变

在考试压力下，许多家长越来越重视孩子的学习成绩，有的家长甚至只注重孩子的成绩，对学校举行的丰富多彩的活动，一概不让孩子参与。因为在这些家长的心中，有一份深深的担忧：参加活动会让孩子分心，影响学习成绩。小宇的爸爸就是这样一位家长。

小宇是我们班的学习委员兼语文课代表，成绩在班里数一数二，可是上课却很少举手发言，即使站起来回答问题，声音小得也只有他身旁的同学才能听见。为了帮助小宇克服胆小、紧张的毛病，我鼓励他参加"童年纸乐"小课题研究，希望他通过参加成果展评，克服紧张情绪，提高表达能力。

三周后的一个早晨，小宇爸爸早早来到办公室，一见我便迫不及待地说："李老师，我们家小宇能力不行，您还是别让他参加小课题成果展评了。"见我不说话，他继续说："这次语文单元考试，小宇才考了92分，比最高分差了3分，这都跟参加那个课题成果展评排练有关。"我总算明白小宇爸爸想要表达的意思了。

"小宇爸爸，小宇上课回答问题时声音比较小。他觉得自己太紧张了，便想通过参加成果展评来锻炼胆量，让自己变得更优秀……"

"老师，您不要再说了。对于孩子来说，成绩好才是硬道理，什么能力不能力，都不管用，只有考出好成绩，才能读好的中学和大学，所以我只要小宇成绩好就行了，其他活动能不参加就不参加，正好省下时间来温习功课。"

虽然小宇爸爸满肚子怨言，但是我不能因此而放弃对小宇的培养。教师工作经历的积淀，让我学会了冷静地处理问题。我说："这样吧，小宇爸爸，如果你没有急事，我们就到学校科技成果展览室转转吧？"小宇爸爸虽然有点不情愿，但还是跟我走了。

走进科技成果展览室，小宇爸爸很快被各种新颖的科技作品和满墙的奖状吸引住了。"小宇爸爸，这件'玻璃清洁具'的发明者是一个四年级小朋友，这件作品获得了县二等奖；这张照片上的学生是一个六年级女生，她的作品在第六届全国劳技创新大赛上获得金奖……。虽然这些学生因为创作发明花去了许多课外时间，但是他们的成绩并没有受到影响，并且各方面能力都有了一定的提升。"

看到小宇爸爸有所触动，我知道让他支持小宇参加成果展示的机会来了。于是，我马上趁热打铁地把"童年纸乐"小课题组成员全部请到展览室，让他们汇报近期的研究成果。刚开始小宇还有些不好意思，可随着汇报的深入，他逐渐进入了角色，响亮悦耳的普通话在展览室回荡，汇报到高潮的时候还加入了自己编排的动作。通过短短三周的研究和排练，往日那个紧张的小宇不见了，而神采飞扬的小宇却"从天而降"，大大出乎了我的预料。再看旁边的小宇爸爸，已流露出满意的笑容。

还没等我说话，他先开口了："李老师，刚才不好意思，是我不好，这是我第一次看见小宇如此落落大方的表现。看着他脸上洋溢着自信的表情，我这个做父亲的想了很多，可能正是我一味地让他学习、学习、再学习，忽视了其他方面的兴趣爱好，才造成他胆子小、不善于表达自己的后果。谢谢老师的良苦用心！"

在后来的小课题成果展上，"童年纸乐"获得了一等奖。小宇更是凭借精彩的表现，给全校师生留下了深刻的印象，还成了校红领巾广播室的一员。现在的小宇成了一位大忙人，整天热心参加各项活动。有一次学校举行"我是小主持人"活动，我安排另一个学生参加。小宇爸爸误以为是小宇表现不好的缘故，还特意给我打电话询问情况。看到他已经由只重视孩子的学习成绩转变为关注孩子的全面发展，我也感到十分欣慰。

（李青，浙江省嘉兴市海盐县于城小学）

家校联谊，让家长影响家长

巧借家长联谊会教育家长

小丁个子不高，学习成绩中等，平时和他玩得来的同学不多。不少学生向我反映小丁从不做值日，也不喜欢别人指出他的缺点。他的同桌也要求换座位，说他爱占便宜，自私敏感。经调查发现，小丁的这些不良行为与家庭教育关系很大。他的家长明确告诉我："别让孩子担任卫生委员，那会影响他的学习；别让孩子坐到教室的后排，离黑板和讲台太远会影响听课的效果；也别让孩子与成绩差的同学同桌，给他多创造一些好的学习条件吧……"这种唯成绩论的教育观念说不定会将孩子带入歧途。看来要帮助小丁改正缺点，先要从改变家长的教育观念入手。

我几次和家长电话沟通甚至面谈，从心理关怀谈到人格培养，从马加爵的成长谈到药家鑫的不幸……。情之殷殷，言之切切，但收效甚微。家长认为目前升学和就业压力太大。他说："我们只有一个孩子，我的孩子输不起！"至于孩子的动手能力和性格培养，他觉得等孩子长大自然就好了。

看着坐在教室里落落寡合的小丁，想到自以为是、固执己见的家长，我犯难了。怎样让家长和班主任达成共识，形成教育合力呢？思考再三，我想到了成立不久的家长联谊会。

用问题引领家长联谊会活动

我们班的家长联谊会是应学校要求建立的，共由5名成员组成。这5名成员平时主要向班主任反馈一些学生在家表现，或者代表家长提出对班级管理的意见。

为了对小丁和有类似情况的孩子的家庭教育进行科学合理的干预，我在家长联谊会上开诚布公地提出了自己的困惑。几位家长联谊会成员为我的教育热忱所感动，纷纷帮我动脑筋、出点子。他们一致认为，小丁家长的想法带有一定的普遍性，应该引起重视。于是，他们就这个话题和不同家长交流甚至争论，并针对部分家长的唯成绩论，还和我一道成功策划了几次家长联谊活动。

借家长联谊会活动激发家长参与教育的热情

不到一年时间，我们班家长联谊会就举行了多次别具特色的活动，许多家长由最初的旁观者变成了现在的拥趸者。小丁家长也在参加这些活动后慢慢地改变了自己的家庭教育观念和行为。

秋天的太阳柔和地照在足球场上，我们班学生和家长在一位家长的指导下，玩起了"过沼泽地""仙人指路"等亲子游戏。大家无拘无束，笑语喧哗，游戏中自然生发出不少开心的故事来。我的镜头也捕捉到了小丁家长难得一见的孩童般笑脸。

夜色笼罩着校园，教室里的高谈阔论打破了夜的宁静。这是我们班正在开展的家长沙龙活动。大家共同观看家庭教育视频，现场访谈高学历家长的家庭教育经验，正反辩论一些极具冲突的观点……。小丁家长在沙龙上的表现耐人寻味：活动初默然旁观，中间辩论时针锋相对，活动后意犹未尽。一次沙龙居然发挥出神奇的功效，众多家长和班主任从此走得更近了。

家长 QQ 群，也是家长们谈心和分享的好阵地。家长联谊会成员在家长中组织了同读一本书活动，并不时在群里发表家庭教育读书心得，往往引来一片"赞扬声"；要是哪位家长在群里"叹一口气"，总会有其他家长"走过来"询问。小丁家长在群里参与讨论的次数也越来越多。原来，他已经发觉孩子的孤僻不能被忽视，也发现自己在家庭教育上有很多盲点。

让家长联谊会活动明晰教育的核心

我们班的家长联谊会在凝聚家长关心教育和思考教育方面功不可没。随着联谊活动的不定期开展，大家考虑问题的焦点，慢慢从自己孩子的教育问题迁移到对班级教育的重视上面，甚至延伸到对更广范围的青少年教育的思考。当然这些探索的目光最后又如放飞的鸽子一般，回归到眼前子女的教育上。

小丁的家长，就这样被卷入以社会为背景和以孩子为核心的家庭教育思考中。除了学习成绩外，他也慢慢更多地谈起了孩子的心理健康，谈起了孩子的人格养成，其教育观念悄然发生着改变。如今，小丁家长全力配合我们的教育工作，成为班主任的坚强同盟。他说："我不希望我的孩子成为分数的奴隶。"

"家长改变观念，孩子改变习惯。"学习压力减轻后，小丁也像换了一个人似的。课堂上他不止一次自信地举起手；班级活动中，他跑前跑后主动地帮助老师和同学。

如今，我班的家长联谊会队伍越来越壮大。我相信有了小丁家长的积极参与，联谊活动会进一步推动班级的健康发展；我也相信，有了小丁家长的现身说法，更多的家长将坚决摒弃唯成绩论，用新的教育理念指导自己的家庭教育！

（帅克华，湖北省黄石市白马山学校）

多管齐下，潜移默化转变家长

分步实现家长转变

作为一个清醒的教育者，我们深刻地认识到孩子的成长应该是全面的，不能只停留在学习这一方面。那该如何转变一些家长的错误观念呢？

从成绩入手

因为家长最关注孩子的成绩，所以在家长会、约谈或者打电话时，我会先和家长谈孩子成绩方面的事情，但不同孩子会有所区分：对于成绩优秀的孩子，我会表扬孩子的成绩，让家长充分感受到孩子的优秀，同时引导家长多让孩子参与其他方面的活动。对于成绩中等的孩子，我会让家长看到孩子在课堂、作业、活动等方面的进步，让他感受到孩子在努力，并且他的努力带来了成绩的进步。同时让家长意识到，参与其他活动，不但不影响学习成绩，反而可以促进学习的进步。对于那些成绩暂时落后的孩子，我会发动更多的力量去关心、帮助他们，让他们的心里慢慢有阳光、有向上的渴望。在此基础上，多和家长交流，让家长感受到孩子的努力，看到希望，找到努力的方向，从而有勇气参与孩子的成长。

拓展沟通内容

在充分交流学习成绩的基础上，我悄悄地转换着话题。

首先，我会告诉家长，孩子之间是有差别的，家长应试着去认识、接受自己的孩子。我们对孩子不能苛求统一，不能只追求学业上的优秀，而要注重孩子的全面发展，关注孩子的健康快乐。我们要在关心孩子学习的同时，多关注孩子的精神成长、品德培养，给孩子一个健康快乐的童年。

其次，我和家长提前约定交流的主题：用心观察，您的孩子什么时候最快乐？如果您找到了，我们就见面交流一下。教师可以把这样的话题，同时布置给几个非常关注孩子学习成绩的家长，然后约定时间一同交流。家长们观察后，看到了孩子在家中的快乐所在，我则在学校悄悄抓拍孩子快乐的表现，并制成PPT。这样，在交流时，气氛愉悦了，话题自然多了。家长感慨着并且承诺，只要孩子高兴，今后就多参与学校的活动，和孩子们一起快乐成长！

再次，是让家长意识到：换条标准评价孩子，孩子就多了一条成功的路。我请家长回忆自己的求学路、自己的同学和目前社会的现状。经过多次沟通，让他们试着接受自己的孩子，带着欣赏的眼光看待孩子，看到自己孩子的好，并认可这个好，用一个个好带动孩子不断前进。更重要的是，有了亲情的环境，孩子的安全感有了，快乐自然有了，就会有更进一步的理由，成功之路也就多了！

开展亲子活动

在良好沟通的基础上，我趁热打铁，与学生和家长开展共读一本书活动，然后展开交流。在交流中，家长和孩子都看到了对方的精彩表现。家长通过亲身参与，不仅重新认识了自己，而且体会到了孩子的心路历程，就会试着从孩子的角度去反思自己、理解孩子。共读也让家长和孩子有了共同的话题，能够更深入地探讨面对的问题；共读还开阔了家长、孩子的视野，滋养了大家的心灵。我、孩子、家长，在书的媒介作用下，走得更近，沟通也更顺畅。

共读改变着我们的交流方式，也在潜移默化中改变着家长的观念，不知不觉中家长淡化了分数意识。这时，制造更多的机会，让家长参与孩子们的成长，成了我们的迫切要求。于是，我召开家长会，成立家长委员会，共同策划每学期的活动。有了前面的铺垫，家长的参与热情一下子被点燃。在家长委员会的组织下，我们开展了多种活动，如"牵手风筝，放飞心灵"活动等。暖暖的太阳、快乐的笑脸、幸福的表情，交织成当下最美的时光，感染着广场上的每个人。最后，所有人一同演唱《相信自己》，更让广场上的每个人因为我们而幸福！

（田志红，山东省平度市常州路小学）

专家视点

在家校互动中实现教师的文化引领

家长不关心孩子的学业成绩，是美国公立学校教师头痛的一个问题。

而在中国文化背景下，这种情况往往不多见。中国教师该庆幸了：毕竟家长对孩子还是有期望、有投入的，而不是不在乎、不参与的。但也同样是在中国文化背景和当前具体的教育环境下，教师会遭遇到另一个难题：家长只关心孩子的学业成绩。

家长也有诸多无奈。在教育政策、教育治理体系不健全的背景下，家长的无奈又多么需要教育工作者的体谅和理解！

可是，这绝非长久之计，更非明智之举。为了学生的终身、健康发展，为了营造更优良的教育环境，为了适应未来的挑战，教师有必要主动与这类家长沟通、合作，进而实现教师的文化引领。

 立场的清晰：开发文化的力量

解决已经出现的问题，固然不失为一种策略，但更重要的是提前介入。这必然需要学校、教师之教育立场的清晰：学校到底重视什么？要培养怎样的学生？在孩子入学时，在家长与教师第一次见面时，教师文化引领的可能性已经存在了，而学校、教师是否澄清、表明了自己的价值观、目标、乃至于立场呢？

针对当前家长只关注学生学业成绩的问题，以下三方面内容值得关注。

一是关注育人的整体综合性。"培养完人"的目标，在 20 世纪 70 年代联合国教科文组织的经典文献《学会生存——教育世界的今天和明天》中就被明确提出。该报告认为，人类发展的目的在于使人日臻完善；使他的人格丰富多彩，表达方式复杂多样；使他作为一个人，作为一个家庭和社会的成员，作为一个公民和生产者、技术发明者和有创造性的理想家，来承担各种不同的责任。[1] 身为教师，专业素养与教育修养会帮助我们尊重人的完整性，关注学生综合素质的发展。这一整体综合性就具体化在学生

_____

① 联合国教科文组织，国际教育发展委员会.学会生存：教育世界的今天和明天 [M]. 北京：教育科学出版社,1996：2.

的发展中，依靠日常的交往、观察，就可以直接判断出来。因此，教师需要明晰自己的价值取向与育人目标。如果进一步将上述目标化为班级建设的目标、学生评价的指标和日常交往的语言，则引领家长发展的核心力量就已经形成。

二是努力达到当代的深度。 家长都生活在具体的环境中，有着多样的职业与社会背景。正是未来职业发展的需要、真实的社会生活的需要，呼唤着具有综合素养的学生的培养。因此，教师需要将当前的学生培养工作与每一天发生着的日常生活、职业生活、社会生活沟通起来，深切理解学生综合素质发展所应体现出的时代性，尤其是"21世纪能力"研究与实践的直接背景。这样的认识与理解，将为教师与家长的互动提供真实的基础：必须从家长能理解、体验到的时代性出发，建立起文化引领的具体基础。

三是敏感于目标达成方式。 关注学生的学业成绩自然是重要的，但不可偏废其他素质的发展；既要体现素质发展的时代性，也要关注学生素质发展的具体机制。这更多地要强调学生主动地学习和家校间的高质量合作。学业成绩的获得乃至于多方面素质的发展，都需要建立在学生主动参与、探索、创造、体验的基础上。教师要警惕家长依靠狂轰滥炸式的投入，依靠强大的外部压力而提高学生学业成绩的方式。而且，家庭与学校是孩子成长最重要的两个世界。家长与教师是孩子成长最重要的关键人。尤其是对于义务教育阶段的学生而言，家庭、学校直接决定着孩子的生活品质，影响着孩子的生命内涵。教师需要引导家长与学校密切合作，为学生发展提供健康的生态环境。

当然，工作的主体不仅仅是教师个体，而且包括教师群体、学校和教育系统。我在访问国外学校前，能非常容易地在学校主页上看到其培养目标、特色定位。进入学校后，校方往往会送上一份准备好的学校材料，内容包括学校生源状态、文化定位、教育特色等。很多学校也都有属于自己的办学理念、文化定位。上述内容就是无言的教育力量，必然会影响着家长的认识、思维与行为。

二 家校的互动：驾驭多元丰富性

如果在前期一系列的交往、沟通后，尤其是在学校、教师明确的"宣言"、具体的工作后，仍然有家长"只"关注学生的学业成绩，这无疑将给学生造成极大的压力，给教师工作带来诸多的困扰。此时，就必须直面问题，通过互动的力量，促成家长的改变与发展。

一是可以依靠学生的力量。学生本身的灵性是最有力量的。当教师真诚地欣赏学生的综合发展，当学生的综合素质真实地呈现在父母面前，当学生群体间的差异与共同发展之势在真实的生活情境中显现而出时，相信家长也会感受和体验到综合成长的价值。为此，教师需要创造多样的评价平台。在国外，诸多的评价手段而非只有考试成绩一种手段被不断开发出来。例如，有美国校长指出，当前有一些评判学生学习质量的方法，其方向是正确的。例如：展览，孩子们公开呈现他们的所学；档案袋，保存着一段时间以来孩子们的代表性学习成果和学习过程的记录；叙事，教师会对每个学生的进步与发展空间做详细的报告。也有学者从 21 世纪能力评价的意义上，提出诸多评价方法，包括：传统的考试（Traditional tests）、教师观察与理解（Teacher observation and perception）、教师设计的任务（Teacher-designed tasks）、学生自我分析（Student self-analysis）等。这一系列的方式方法，能使学生的成长力量跃然而出，从而唤醒家长的意识。

二是可以依靠家长的力量。家长间一定是具有差异性的。这类差异性则可以成为影响家长、促成家长间相互教育的资源。教师在与家长群体的接触中，自然能熟悉不同家长的特征、取向、思维方式与行为方式。与此同时，借助与家长的个别交流、家长会等群体交流、相关活动中的非正式交流、网络平台上的交流等，教师可以将具有积极、引领力量的家长资源呈现出来，引导相关家长去了解差异、思考差异，进而促进其自我的反思。

例如，以下是在合肥市翡翠学校，一所建校不到一年的学校里，在观摩完教龄不到一年的刘瑜婷老师的科学课后，两位家长在家校联合教研活动中的观点交流：

小柏同学爸爸：我来说两句。我认为刘老师上课之前应该给学生明确地说我们今天要学习什么课程，这是开头。中间做得很好。结尾的时候应该做一个总结，应该问同学们今天通过这次课懂得了什么，一定要明确对这堂课的收获。我就简单讲两句，谢谢大家！

小郑同学爸爸：我再说两句。就是刚才您提到的总结一下对这堂课的收获。（这节课刘老师自己没有总结）我觉得让学生学会自己反思，让他们产生一种兴趣，去推敲最终结果是什么？这种学习才会让他们有一种自我提升，这样的激励我觉得会更好。如果直接告诉了他们主题的话，又告诉了他们结果，那么他们就没有学到东西。因为每一个人都有自己的思维，都会思考。如果懂得学习，懂得自己想要什么，他们就懂得去做什么。如果说连自己想要什么都不知道的话，还怎么知道应该去做什么呢？我觉得收获这种东西，就像猜谜语一样，如果你不花时间、不费脑力去推敲的话，你永远都不知道谜底。让他们自我提升、无形中产生进取心，这才是最重要的……。好的，谢谢！

（2014 年 4 月 28 日上午）

这两位家长之前并不相识，但正是在面对同一节课、同一群孩子，又是在教研活动的背景下，却发生了对教师、对家长都有意义的讨论。尽管不是直接讨论是否应该只关注学业成绩，但对于学习结果和学习过程重要性的讨论，已经显示出家长间的思想观念差异。这启示我们，要重视家长群体内的资源、家长相互影响的可能性。自然，基本的前提是尊重差异、促成对话、教师适度介入。

三是可以依靠教师与家长的直接对话。一位只关心孩子学业成绩的家长，自然会通过各种方式表达自己的观点，会对教师尤其是班主任组织的各类班级活动有意见。此时，通过家访，通过约家长到校交流，通过电话与网络等信息技术手段，教师与家长间可以形成直接的对话关系。在此过程中，教师对家长的理解、真诚的倾听、坦诚的交流和对孩子发展实实在在的关心，是真正能够打动家长的力量；渗透于其中的理性和对具体问题的解决方案，也将帮助家长克服内心的忧虑，促成家长形成合理的目标和可行的家庭教育策略。

四是可以依靠知识的力量。无论是借助日常生活中积累的案例，还是借助更为经典、更具代表性的国内外案例，或用更为理性的方式来思考人的生存与发展问题，教师都可以依靠知识的力量，来传播知识、引领家长发展。这可以通过推动家长阅读、思考和讨论，通过推动"亲子作业"的开展，通过专题的学习与研讨活动而实现。在一定意义上说，这与全部的教育工作相关。通过向学生、家长传授人类的文化精华，与学生和家长一起体验知识创生的过程与应用的价值，教师可以实现对家长的人性的滋养、理性的启蒙、灵性的激发。

🔘 三 永远的复杂性：教师向家长学习

前文中，我们更多地将教师视为沟通与交往行为的发起者、主动影响者。这一切的沟通与交往都将是一个互动的过程，充满着偶然性和不确定性。教师并不能保证自己就真地能够改变，甚至影响家长，而值得信任的恰恰是沟通与交往的过程。

首先，需要建立起教师与家长的双向互动关系。影响家长的直接前提自然是存在着交往关系。而这一"关系"是两类主体的关系，家长和教师一样，也有自己的情感与认识，有自己的生活世界。即便家长在对学生学业成绩的关注上存在偏差，他同样有他的"道理"。在此意义上，教师需要以人性的方式，建立起教师与家长的平等关系。这需要开放与坦诚、理解与信任、耐心与关心。这个过程将是长期的，是长期积淀与瞬间改变的结合体。

其次，需要教师个体与群体的素质提升。前文的诸多论述都是建立在一个基本前提之上，即教师的教育立场具有合理性，具有对孩子成长而言的积极意义。然而，在真实的交往世界中，教师并非永远是话语权的拥有者，更非自然具有"引领"家长的素养。在一定意义上说，教师必须保持这样的自觉性：我凭什么去指导家长？"引领"的力量是源自教师身份还是来自教师素养？就教师个体与群体的有限性而言，他或他们同样需要高度的学习意识与能力，需要在与家长的交往实践中，实现自己综合素质的提升。我与同事曾针对班主任的话语系统做过调研。从调研结果上看，教师同样需要自我提升和完善，将自己的话语系统、育人目标系统与时代、与教育变革沟通起来，形成更具引领性的教育理解、教育信念与教育行为。

最后，需要教师文化引领的使命觉醒。身为教师，有着这一职业所赋予的使命，要在文化传承中实现个人、群体、民族、人类的不断文明化。他承担着重要的社会责任，也对每个学生个体承担着至高无上的教育责任。随着社会转型的速度加快、力度加强、质量提升，教师越来越从文化的传播者转变为文化的创造者，或新文化的体现者与传播者。尤其是在与学生、家长、社区的互动中，他能够直接影响人的发展与实践的质量，直接发挥着领导者的作用。

因此，改变那些只关注孩子成绩的家长，并非一件简单的事情，更是一项使命。个体教师的生命，也将因这一使命的实现，获得境界的提升。

（李家成，上海终身教育研究院执行副院长，华东师范大学教育学系教授，教育部人文社科重点研究基地基础教育改革与发展研究所研究员）

7

学生和父母关系紧张，
怎么办

寻根究底，消除亲子矛盾之源

找准"病因"，开对"药方"

在一次亲子关系调查时，小豪张口就说："我讨厌爸爸！"他嘴角抖动，看起来很委屈。我一惊，忙问："为什么？"也许是触动了他内心的伤痛，他忍不住"哇"的一声大哭起来，边哭边说："爸爸坏！他总是打我！"

没想到小豪的反应这么强烈，我和其他孩子都愣住了。缓过神来后，我连忙安慰他说："好了，不哭了，都是大小伙子了，再哭就不帅了。老师课后会找爸爸好好谈谈的，让他别再打你了，好不好？"小豪的哭声渐渐平息下来。

下课后，我将小豪请到办公室，深入沟通后得知，小豪在家经常挨打——作业做得不好会挨打，吃饭速度慢会挨打，没经过同意看电视、玩手机更会挨打……。就在今天早上，他还因收拾书包慢挨了打。

看来，小豪爸爸的教育方式有问题。既然"病因"在家长身上，如果只是对孩子进行所谓"感恩""亲情"教育，既不能改变孩子的处境，又不能改变家长的不当做法，无助于问题的解决，所以我决定直接与他爸爸进行沟通——只有解决了家长教育方式的问题，小豪才有可能走出当下的困境，找回应有的安全感，重建和谐的父子关系。

但我该怎样与小豪爸爸沟通呢？小豪爸爸是我班唯一一个天天接送孩子的爸爸，平时与他交流，感觉他对孩子十分关心。他的教育方式之所以简单粗暴，可能与小豪的成绩不够理想而他又过于急躁有关。的确，小豪的接受能力有点弱，专注度不够，成绩确实落后于班级大多数学生，这可能是他爸爸总打他的原因之一。我想，家长打孩子并不意味着他们不爱孩子，更多是因为他们没有意识到打孩子所带来的后果，遇事又很难控制自己的情绪。既然这样，我首先就应该让小豪爸爸了解粗暴对待孩子可能带来的后果，并对他进行适当的心理调节。

放学时，小豪爸爸来接小豪。我让小豪在教室里休息一下，然后将他爸爸带到办公室。

"有件事需要与您沟通一下。"我开门见山地说，"我感觉小豪与您之间的关系有点儿紧张，对不对？"

他似乎预感到我会聊什么，有点儿不好意思地说："是的，关系有点僵。这孩子，吃饭磨蹭，写作业磨蹭，干什么都磨蹭，可能我批评多了，对我有意见吧。但真没办法，就说今天早上，一个书包那么长时间都没收拾好，气得我打了他几巴掌。"

"本来我也没想与您聊这个话题，但今天上课时小豪的话让我很吃惊，因此我觉得有必要与您沟通一下。"接着，我将上课时的情景描述了一遍。

听了我的描述，小豪爸爸沉默不语。看来，他多少也意识到了自己的行为不妥吧。

"现在二孩生育政策都出来了，准不准备再生一个？"我问道。

小豪爸爸从沉默中回过神来，摇摇头说："不生了，能把小豪带好就不错了。"

"也就意味着您很可能只有小豪一个孩子了。"我开玩笑地说，"我想，不管怎么样，您都不希望养个会恨自己的孩子吧？要知道，等您老了可能还得他来照顾呢。再说，即便以后再添个二宝，也没人希望自己的孩子会恨自己。"

小豪爸爸点点头："是的，的确这样。这段时间，我可能真对他太严了点儿，我爱人也说我不应该这么打孩子。"

看来，这个问题在家里也讨论过，只不过没能改变什么。我便接着他的话题说:"您爱人说得对,的确不能这样打孩子。要知道,打孩子可能会成为一种习惯。第一次打了感觉有效果,下次就会认为孩子欠打,只要打一顿就能转变,于是一有问题便会打;如果哪次打完后感觉效果不好,又会认为孩子是故意跟自己对着干,一生气又会动手。所以,我们绝不能养成动手打孩子的习惯,打多了,孩子缺乏安全感,对亲子关系也不好。"

"唉,这孩子,有时又真让人生气。学习不好,习惯不好,还怎么都改不过来。"小豪爸爸叹息道。

"不管怎样,再生气也不能打孩子。再说,打孩子也不能解决问题。"

"其实,有时打过后我自己也心疼,可一生气又控制不住自己。今天能听您说说,对我们也是帮助。"小豪爸爸诚恳地说。看来,他已经开始反思自己的问题所在了。

"父母打孩子通常并不是真正为了孩子好,只是为了缓解自己的焦虑情绪而已。因为,孩子在很大程度上是家长的影子,当孩子表现得不够令人满意时,家长便以打孩子这种形式来划清与孩子的界限,生怕别人会因孩子的表现不够突出而看低自己。"我半开玩笑半认真地说,"所以,尽量不去打孩子,好吗?控制不住时,告诉自己'亲生的、亲生的、亲生的'连续念十遍就好。如果还是没效果,就再来十遍,一直到能控制住自己为止。"

当"打孩子"这个话题交流得差不多后,我们又针对小豪存在的问题交换了彼此的看法,并讨论了采用哪些方法对孩子进行教育才适宜。毕竟,小豪目前存在的问题也是明显的、不得不改的。

我不奢望一次交流就能完全改变家长,但我相信,有了这次交流,家长一定会有所触动,小豪的处境也一定会获得改善。如果能再有几次这样的交流,再巩固一下家长对教育孩子正确方法的认识,沟通一下针对小豪的不足具体可以做哪些工作,相信小豪爸爸一定会有较大改变的。而小豪,也一定会在这样的改变中,更多地感受到快乐,感受到温暖,感受到亲子之间应有的温度。

(庄华涛,安徽省芜湖县第二中学小学部)

指导方法，协助亲子有效沟通

用第三法促进亲子和谐相处

周一，晓丽因没有整理好书包而被妈妈说了几句，她就发脾气不肯来上学，她妈妈只好又打电话来向我求助——这已经是她本学期第三次在与妈妈发生矛盾后用"不上学"来威胁妈妈了。很显然，这是因亲子沟通不畅而引发关系紧张的典型案例。经过交流、分析，我采取了第三法来缓解她们的关系，帮助她们和谐相处。

什么是第三法呢？美国著名心理学家戈登博士把利用权力方案来解决冲突的方法称作第一法，通常是拥有权力者赢；把纵容的解决方式称为第二法，通常是拥有权力者放弃赢的机会。这两种都是"非赢即输"的方法，容易破坏双方关系。而第三法是一种没有输家的方法，是以双方就最终解决方案达成共识的方式来解决冲突的办法。

具体到亲子关系中，就是当亲子之间出现需求冲突时，父母和孩子一起寻求某种双方都能接受的解决办法。这种办法不需要使用任何权力来迫使对方服从，能同时满足双方需求，有助于和平解决矛盾，其具体操作步骤是：界定需求—寻求策略—评估策略—挑选策略—执行策略—效果评估。

为了协调并最终解决晓丽和妈妈的矛盾，我挑选了一个合适的时间，邀请她们到学校来，给她们讲解了第三法的基本原理和操作步骤。征得她们同意后，我作为调解员来帮助她们调解影响亲子关系的一些问题。

第一步：积极倾听，界定需求

根据马斯洛需要层次理论，人类所有行为的背后都对应着一种需求，但很多人并不知道或者不懂得表达自己的需求，更不清楚他人的需求，所以父母和子女之间经常因为不清楚双方的需求而出现矛盾。

一方面，我们的父母普遍看重家长的权威，在家里对子女往往说一不二，要求子女听话、服从。一旦孩子有自主的需求、不同的意见，他们往往会觉得自己的权威受到了挑战，认为孩子不听话，所以经常有意无意地忽略或者抹杀孩子的独立自主意识，使孩子没有机会表达自己的需求。另一方面，随着社会科技的发展，孩子获取知识、信息的渠道不再单纯地局限于家庭、学校，当他们成长到一定的年龄、具备一定的见识之后，他们也希望和父母、老师平等交流，能够自由表达需求。所以，晓丽妈妈主要是因为缺乏平等沟通意识，不了解孩子的需求而导致亲子关系不良。

经过积极倾听、深入交流和分析，我们确定晓丽的需求是希望得到尊重、理解和拥有自主空间，而晓丽妈妈的需求是能够得到尊重和放松，与孩子友好交流和分享。如果能够同时满足她们的需求，那么她们肯定就会觉得满意，进而避免冲突。

第二步：头脑风暴，寻求策略

明确需求之后，我让她们各自提出能够满足自己需求的方法。在这个过程中，我始终注意以下几点：一是不评价任何方法，即使有的方法很离谱也不下论断，更不批评指责，否则她们之后就不会再主动发表看法了；二是不论优劣，凡是能想得到的方法都一一列出来；三是及时记下她们说的方法，尊重每一种方法，而且不需要她们做出解释。以下是她们分别提出的解决方法。

晓丽：1. 我做作业时妈妈别来打扰我；2. 早上起床后妈妈别唠叨，我自己会在前一天晚上整理好书包，第二天起床洗漱后乘坐校车回校；3. 妈妈不要干涉我和同学去外面玩耍；4. 当我心情不好时，妈妈别说话；5. 当我想说话时，妈妈要认真听。

妈妈：1. 晓丽做作业时要准备好学习物品，不要做一会儿玩一会儿；2. 我跟晓丽说话时，她要认真听，不能打断；3. 除了生病需要请假，晓丽不能不上学；4. 晓丽要利用备忘本来提醒自己整理书包，按时完成作业；5. 老师反映晓丽存在问题时，晓丽要和我一起想办法解决，由我督促改正。

她们在提出方法时都能够开诚布公，并且在妈妈提出方法之后，女儿还补充了自己的方法，双方都充分发挥了主动性。

第三步：评估策略，挑选策略

当晓丽和妈妈分别提出方法之后，我提问："请说说你喜欢哪个方法？不喜欢哪个方法？"此时，一方要积极倾听另一方的想法，只要有一方不喜欢某种方法，那就要将这种方法划去。我引导她们根据"是否能够同时满足双方的需求"这一标准来评估每一种方法，检查哪些是可行、可接纳的方法。对于一些不可接纳的方法也可以加以修改，使得它们能够被接纳。

最后，她们经过商量、修改，确定了几个双方都能接受的方法：1. 晓丽对自己的学习负责，在做作业时自己准备好相关物品，妈妈别打扰；2. 妈妈要多肯定、鼓励晓丽，两人意见不统一时找时间交流，双方就事论事，不翻旧账，一方说话时另一方不要随意打断；3. 老师反映晓丽存在的问题时，先由晓丽自己想办法改正，若一周后还不能改正，再由妈妈用晓丽能接受的办法来督促她改正；4. 晓丽可以每两周和同学出去玩要一次，但前提是必须让妈妈知道去哪里玩，跟谁玩，并且保证安全，把握好时间；5. 除了生病需要请假之外，晓丽要按时上学。

将这5条双方都接受的策略记录下来后，我打印出来形成一份协议，她俩都郑重地签上了自己的姓名，并确定从第二天开始执行。

第四步：执行方案，定期总结

为了能更好地执行方案，她们都选择由爸爸作为监督员，每天一小结、每周一总结，及时反馈情况。我建议她们在交流之前先想想自己的需求，把自己的需求讲给对方听，然后按照协议来沟通交流。如果再发生冲突造成双方情绪失控时，双方需要撰写说明书，把当时的情况记录下来，以书面形式表达自己的需求，让对方了解自己的需求，再按照协议进行交流。

第五步：效果评估，及时修正

刚开始一个月，我经常跟晓丽父母沟通，了解他们执行方案的情况。结果，他们都反映，虽然母女关系会有反复，但是渐渐地，妈妈从中明白了以前自己的强势对晓丽造成的伤害，进而调整了自己；晓丽也变得更自觉、主动，对妈妈的敌意大大减少，母女关系开始变得和谐。

事实证明，第三法对于改善晓丽母女俩的紧张关系非常有效：首先是激发了晓丽主动解决问题的热情。因为晓丽参与了决策过程，她感到自己是被尊重、被信任的，所以她努力履行承诺，以自己的行动告诉父母她是值得信任的。其次是增进了彼此之间的亲情。父母在与孩子相处过程中难免会发生冲突，只要双方在制定解决方案时达成共识，就容易化解冲突，又因为第三法中没有输家，每个人都感觉美好、满怀温情，感谢对方愿意考虑自己的需求和尊重自己的意愿，这样就加强并深化了亲子感情。最后，第三法可以较好地引导孩子健康成长。没有输家的第三法使得亲子双方无须使用权力，父母和孩子不再互相"攻击""斗争"，而是尊重对方的需求，相互合作、同心协力去完成同一个目标，因此孩子不必再反抗，不再需要养成顺从和被动屈服的习惯，不再需要退缩和逃避，只需要健康、快乐地成长，并且学会和父母一起用双赢的第三法来解决问题。

（周雪燕，广东省阳江职业技术学院附属实验学校）

架设桥梁，促进亲子相互理解

敞开心扉唤醒爱

初中生正处于青春叛逆期，不少人和父母关系紧张。如何帮助他们顺利度过这一时期呢？考虑到每个家庭的情况不一样，我首先在班会课上做了问卷调查。结果显示：57%的学生经常和父母发生争吵，22%的学生基本不和父母交流，处于互相沉默甚至冷战状态，只有21%的学生和父母相处和谐或基本和谐。

经过进一步调查了解，我发现学生和父母关系紧张的原因大致可分为三类。针对不同情况，我采取相应对策，主动搭设亲子沟通的桥梁，让学生与父母互相了解对方的需求与难题，并做出有利于亲子关系发展的改变，取得了不错的效果。

"护犊"与"自由"的矛盾——引导家长去学习

孩子由小学升入初中，由童年进入少年，身心都会发生一些变化。这一时期的孩子渴望自己做主，渴望自由与认可，而很多家长依然把他们当作小孩子，什么都不放心，事事都要关照，在"护犊"与"自由"之间，不可避免地会发生矛盾。

比如，开学第一天，小幸就迟到了，原因是妈妈一定要让他加一件外套再出门，而他认为不冷，不愿意加，于是双方发生了激烈的争吵。小幸说他知道妈妈是为他好，可心里就是很烦。我建议他下次再发生这种情况时，不妨先答应妈妈带上外套出门，穿不穿则自己根据天气情况来决定，这样既听从了家长的建议，又不丧失决定权。小幸表示能够接受。

这次事件看似简单，其实不然。小幸是班里的"问题学生"，经常拖延晚交作业，多次缺勤。他妈妈不仅不能正面管教孩子，反倒以孩子体质不好为由寻找各种借口护着孩子，结果孩子非但不感激，反而和妈妈的关系越来越糟糕，动不动就跟妈妈争吵。

了解这一情况后，我约见了小幸妈妈，三个人坐在一起谈心，并达成协议：孩子能做到的事情妈妈不干涉、不啰唆，给孩子自主权；孩子犯错要勇于自己承认并改正，有需要时家长再给予正确的支持。

之后，我又跟小幸妈妈进行了一次恳谈。当她忧虑不知如何教育孩子时，我送给她一本书，叫作《父母做对了，孩子才优秀——教育孩子的十大原则》，并勾画出与小幸情况相关的部分章节。小幸妈妈也认识到问题的严重性和自己加强学习的必要性，表示一定要积极学习家庭教育相关知识。这以后，我和她多次沟通，小幸虽然还是会犯错，但确实有进步，亲子关系也有所改善。当然，冰冻三尺，非一日之寒，这种改善也是一个长期的过程，特别需要家长的坚持。

像这样"护犊"的家庭，其实班里不止一个，只是程度不同。这一类孩子被父母全方位保护着，就像刚刚破壳的小鸡，他们渴望自由和独立，可是因为被长期保护而显得能力不足，他们需要的是父母逐步的放手和正确的引导。父母无原则或过度的保护自然会和他们正在觉醒的自尊产生冲突，这种冲突其实是孩子长大的标志。解决这类亲子问题的关键在于引导父母学习，班主任能做的就是让家长意识到无原则"护犊"的危害，并引导家长学习具体如何操作，在操作的过程中给予家长建议。

"期待"与"现实"的落差——互相理解是关键

在调查问卷中，我发现大多数孩子和父母产生矛盾的原因都在于家长的期待与孩子的现实表现之间有落差。比如，开学第一周多次迟到的小如，其迟到原因是本学期父母把家搬到了很远的地方，上学要换乘几次公交车，单程就要花费近两个小时。孩子说是否迟到完全看路上堵不堵车。家长给她的搬家理由是她应该学习吃苦，但她表示很不理解。小怡的情况也基本类似，父母因为小怡在家学习时效率低、不主动，一时生气就把她赶出了家门，让她反省一下，而小怡却认为"父母根本不爱我"。爱玩电脑游戏的小枫和父母之间的矛盾，也是因为小枫不能按父母的要求自觉做好自己该做的事。

班里因为类似原因造成亲子关系紧张的家庭超过半数，我专门召开了这部分孩子的家长会，主题是"心与心沟通"。家长会一共设计了三个环节：1. 亲爱的孩子，我为什么让你读书? 2. 亲爱的爸爸妈妈，我需要您的哪些帮助? 3. 爱的协议——我们一起努力! 家长、老师、孩子共同参加，一起畅所欲言，真诚交流。

家长会氛围很温馨，很多棘手的问题得到了和平解决。小如父母坦言家庭经济遇到难关，相信小如能把"家校距离远"当作一次挑战。小如理解了父母的难处，也诚恳地说出了自己的难题——途中有一段路因为修路每天堵车。最后小如和爸爸愉快地协商好，每天早上，他俩先一起骑自行车绕过堵车路段，孩子再搭公交车去学校。后来我经常在小如的随笔中读到她和爸爸一起骑车上学时的美好感受。被家长赶出门的小怡也在家长会上和妈妈一起找到了解决问题的方法：进入初中，因数学难度逐步增大，小怡在学习上遇到了困难，很多题目不会做才导致效率低。她们商量决定准备一个"问题本"，小怡将当天没有听懂和不会做的题记录下来，在学校尽量问老师和同学，不能解决的回家找妈妈商量，每天妈妈在固定时间答疑，也可以利用这个本子写下彼此心里的想法。家长会后，小怡进步明显。

爱玩电脑游戏的小枫也平和地与父母达成协议,同意父母设置电脑开机密码,周末在完成自己的学习任务后,由父母开机并设置关机时间。

在家长会上,我还推荐了一些亲子共读书目,比如《亲爱的安德烈——两代共读的 36 封家书》《傅雷家书》《曾国藩家训》等,建议家长和孩子共同制定阅读书单,共同商量每天读多少页。家长和孩子可以在饭桌上闲聊读书感受,可以在同一本书上以批注的方式沟通,也可以在读完一本书后以彼此喜欢的方式交流。班级期末评选"最佳阅读之星""最佳共读之星""最美书香家庭",并给予奖励。此后,很多家长开始尝试用阅读的方式来和孩子交流。比如小薇的爷爷、妈妈陪她一起阅读了《草房子》,并和她一起记录,用文字书写了不同年代共同的读书故事。小薇深受启发,写成了诗歌《梦寻油麻地》,发表在一本中学生作文期刊上,文学和爱的种子也播种在了她的心里。

给家长和孩子搭建沟通的平台,想办法让他们更加平和地相处相爱。当家长和孩子能够互相理解、敞开心扉、积极互动、寻找解决问题的方法时,不仅会迎来和谐的亲子关系,也能为孩子的成长打下深厚的基础。

"嫌弃"与"无奈"的对抗——唤醒孩子的良知

无论是直接对抗,还是家长和孩子的互不理解,总会以某种形式表现出来。只要有外在表现就可以顺藤摸瓜,寻找原因,寻求对策。但在调查问卷中,我却发现有一种紧张的亲子关系很隐蔽——父母和子女表面不争不吵、无波无澜,实际上没有共同话题,也没有沟通交流,长期处于一种相对冷漠的疏离状态。孩子不愿和家长沟通,家长也觉得没办法和孩子交流。

我班生源很复杂,学生父母有机关事业单位工作人员,有外来农民工,也有当地农民……。一些孩子受各方面舆论影响,开始嫌弃自己父母的职业,甚至觉得他们丢人。而父母面对孩子的嫌弃,既伤心又无奈,有的家长可能会发脾气,有的则只是默默承受痛苦,没有良好的方法来改善亲子关系。这类亲子问题的主要责任通常在孩子身上，最需要唤醒的是孩子内心深处的良知和对父母的认同。

绝大多数孩子本性善良，要打开孩子的心扉，让他们从心底愿意接受自己的父母，可以借助文字和同伴的力量。我设计了一个读书笔记跟帖作业，推荐了一些好文章供学生们摘抄、写感悟，并且要求每周至少在两个同学的摘抄后跟帖。我发现，学生特别爱摘抄有关亲情的文章，这类文章后跟帖的人数总是特别多。比如，吴秋敏同学摘抄的文章《梦里花落知多少》，讲述的是一个从农村到城市读高中的孩子从羞于介绍身为农民的父亲到被父爱感动的故事。她在摘抄后自设的"笔过留痕"栏目中写道："如何在同学面前介绍自己并不起眼的父亲，是我们每个人的必修课。想要接受自己不起眼的父亲，难；想要承认自己不起眼的父亲，更难。但，这是我们每个子女必须做到的。父母，对我们而言，就是最崇高的人，他们虽然不一定对社会做出卓越的贡献，但单凭对我们的养育，就足以让他们承受我们最尊敬的目光。"这篇文章似乎对很多学生都有所触动，跟帖超过三十篇。以下摘录部分学生的跟帖。

我有一个农民工父亲，我总是瞧不起他，总是害怕向班里同学介绍他，甚至连一声"爸爸"也叫不出口……。那是生我养我的人啊，那是为我默默付出的人啊！在同学面前，难道还有什么比亲情更值得骄傲的东西吗？读了这篇文章，我心里好痛，枫叶飘落了，流水西流了，鸟儿归巢了，而父亲的背影寂寞地远去，是那样的悲凉，我恨曾经那么不懂事的自己！（吴佩珊）

总不希望在班里介绍自己的父亲，因为我的父亲没有文化，没有钱，长得不帅。但他却是我生命中最重要的人，他用双手为我创造了温暖的家，给予我特殊的爱。总会抱怨父亲，渐渐地连"爸爸"也越来越少叫，可我知道，他就是文中的父亲，为我，可以倾尽他的所有。而我，分明就是文中那个孩子。（吴思其）

在这样一些文字的交流和同伴的感染下，一些冷漠封闭的心慢慢打开。当孩子内心柔软的感情被唤醒的时候，也是紧张的亲子关系缓和的开始。

（陈陵，广东省珠海市南屏中学）

专家视点

根据具体情况进行疏导和教育
——孩子和家长关系紧张，怎么办

孩子和家长关系紧张，作为任课教师或者班主任，我们应该怎么办? 我认为可以有以下选择。

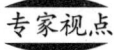 **审视自己是不是紧张关系的"导火索"**

1999 年 3 月 22 日《中国青年报》"冰点"栏目刊发了记者冯玥撰写的《报复与报答》，文章主要写了一名中学生小 A 的变化。小 A 从一个逃学、旷课、身背处分，带领同学和老师捣乱，让妈妈绝望，让老师头疼至极的孩子，到中考成绩分数翻了一番，成为北京市一所重点中学的高一学生，主要源于班主任从 G 老师更换为 T 老师。

小 A 妈妈对两位老师有这样的介绍：

我那时经常问 G 老师，怎么教育这个孩子。G 老师告诉我，你对他就得严厉，你就得让他怕你。我就经常打他，笤帚都能打断。打他的时候，我心里也不好受，自己的嘴唇上咬得都是血印。后来孩子和我越来越疏远，什么话都不和我说。我曾经和 G 老师交流，问她能不能换一种教育方法，别只是惩罚，给他一点表扬和鼓励。我觉得他那时候已经没有一点自尊，什么都不在乎，破罐破摔了。谁知 G 老师说："他有什么地方值得我表扬？"后来我给 T 老师打电话，她跟我说，孩子没有坏孩子，他有什么坏啊，不就是闹就是淘吗？男孩子天性就是这样。如果你把这种东西当作一种品性的坏，他当然接受不了。她还一再和我说，千万不要打孩子，你越这样做，孩子离你越远。

　　以此为例，对于家长和孩子紧张的关系，作为老师，我们首先要想一想自己会不会就是其中的"导火索"。比如，会不会是我们的教育观念出了问题，就像文中的 G 老师"你对他就得严厉，你就得让他怕你"，以至于家长听老师的话导致了与孩子的对立和紧张关系？会不会是因为老师对孩子的过高要求，导致了家长对孩子的焦虑和压迫？会不会是由于老师的告状，或者老师让家长在家长会上丢了脸，家长对孩子发泄自己的不满和愤怒……。如果发现家长和孩子关系紧张和我们的观念、行为与态度有关，那么需要调整、改变的就是我们自己。我以为，不要向家长告状，不要试图通过家长的手教训孩子，不要借助家长向孩子施加不合理的学习压力……，这应该成为我们的家校沟通的原则。

研究家长和孩子关系紧张的具体情况

　　苏霍姆林斯基曾经说："教育，就其广义的理解来说，这是一个受教育者和教育者都在精神上不断丰富和更新的多方面的过程。同时，这个过程的特点是，各种现象具有深刻的个体性：某一条教育真理，在第一种情况下是正确的，在第二种情况下是无用的，而在第三种情况下就是荒谬的了。"不具体的方法大而化之，很难有针对性和实效性；有实效的方法又只能针对某一种具体的情况，不然就可能"无用"和"荒谬"。教育需要因材施教，处理问题需要对症下药。因材施教的基础是"材"，是研究；对症下药的前提是把握好"症"。从这个意义上讲，研究和了解具体情况是第一位

的。了解、研究孩子和家长紧张的关系，大致应该关注以下几个方面。

1. 看彼此关系紧张的程度

由浅入深，或许会有这样一些情形：（1）彼此之间有意见，显出不亲近、不亲密的相处状态；（2）彼此之间赌气有隔阂，见面不理不睬、视若路人，不像一家人；（3）彼此之间见不得、提不得，见面就吵，见面就掐；（4）彼此之间容不得，处于一种敌视状态，有你没有我，有我就没有你，甚至出现自害和伤害对方的苗头……。很显然，针对不同的情况，应该有时间把握、介入程度上的区别和不同选择。如果发现学生有了弃世的想法或者有伤害家人的念头，教师就需要尽快介入、深度介入，避免发生悲剧，留下遗憾。

2. 研究当事家长、孩子的特点

比如，孩子年龄的大小，是否有应对紧张关系的经验与能力，是否需要老师及其他外部力量的介入和帮助；再如，家长的受教育程度、人生经历、性格特点，秉持的人生态度、价值观念，家庭成员的组合现状与历史等。我们也需要据此选择我们的介入和疏导方式。在电影《死亡诗社》中，因为和父亲的紧张关系，尼尔选择了自杀。尼尔自杀背后的原因是多方面的，有他父亲不给孩子选择自由、对孩子强加自己的意愿的主要原因，也有尼尔自身因善于演戏而掩饰了生活的困境，没有得到他人疏导和帮助的原因。就基廷老师而言，我认为尽管他发现了尼尔和他父亲在价值观念、人生取向上的对立，也注意到了父子之间的关系紧张，但他对尼尔缺乏和父亲对话的勇气与沟通的能力——"我没办法用这种方式跟他交谈"，以及尼尔的困境——"我被困住了"不够敏感，没有进行有针对性的疏导，这也可以算一种原因。

3. 研究关系紧张的原因

比如，是不是家长的高学业期望与孩子的低学习表现导致关系紧张？

是不是家长和孩子之间缺乏沟通导致了误会或者误解？是不是家长和孩子不恰当处理某些事情（例如不给面子的批评）导致了伤害？是不是生活习惯不同导致彼此的不接受？是不是在兴趣爱好乃至人生选择上有不同的要求和目标？……。这样列下去，有可能会列出很多条原因。这种种的不同，决定了疏导紧张关系的内容、方法应该有不同的选择和侧重。

三 对家长做合理疏导与引导的建议

孩子和家长关系紧张，主导者大多是家长，主要矛盾也往往出在家长身上，舒缓他们之间的关系主要是做好家长的工作。但家长并不是老师的教育对象，和家长沟通，很可能会遭遇"我吃的盐比你吃的米多"的尴尬。怎么办？我主张借助故事、通过案例让家长理解和觉悟。老师要注意收集这样案例，用好这样的案例。这里试用几个案例讨论如何疏导家长。

1. 成人要为孩子开辟道路而不是决定孩子的道路

在电影《死亡诗社》中，尼尔的志向、特长、兴趣是当演员，但尼尔的爸爸却一定要孩子当医生，彼此之间互不妥协导致了尼尔的自杀。由此讨论：父母之于子女、老师之于学生的责任到底是什么？我以为在于开辟人生的道路，指引更值得行走的人生的道路，有时也要采取强制措施防止他们走到危险的道路上去。但只要孩子选择的道路不会导致自身的危险和对他人的危害，父母和老师就不要去阻断他们的道路，不要去决定他们的道路。孩子最终要走他们自己的路，要过他们自己的人生，家长也好老师也好，要为孩子开辟人生而不能决定他们的人生，不能强制让孩子延续自己的人生梦想，要让孩子成为他自己。

我的一位朋友，他的孩子成绩很优秀，考上了四川大学临床医学专业。孩子读完五年医学，毕业时突然对父母说："过去这么多年，我一直听你们的。现在毕业了，我要你们听一次我的意见，我不想当医生，我要当老师。"考过教师资格证后，他选择在中学当数学教师，干得兴趣盎然、成绩斐然。谈到这件事，父母曾经很懊恼，说早知道孩子想当教师就不该让他填报医学专业。如果报一个国内顶尖的师范大学，那么对他未来的发展一定会更有帮助。应该说，朋友孩子的做法是值得赞许的，尽管晚了一些，但他在大学找到了自己喜爱的职业（或者说找到了自己的人生方向），并且在大学时就背着父母开始做某些方面的准备。这是一个还算理想的结果。现实中，更多的是父母包办导致了孩子学得没有兴趣，长大了要"啃老"，一生碌碌无为并抱怨父母。

2. 学会倾听

教育孩子的基础是了解孩子。了解孩子的方式很多，其中倾听孩子是一种有效的方式。有这样一个故事：

一个男孩有段时间上学总是迟到，老师为此找其母亲谈话。母亲知道后，没有打骂孩子，在临睡觉前，她问儿子："告诉我，为什么你那么早出去，却总迟到？"孩子先是愣了愣，见母亲没有责怪的意思，就说："我在河边看日出，太美了！看着看着，就忘了时间。"母亲听后笑了。第二天一早，母亲跟儿子一起去了河边看日出。面对眼前的景色，她感慨万分："真是太美了，儿子，你真棒！"这一天，儿子没有迟到。放学回家，儿子发现书桌上放着一块精致的手表，下面压着一张纸条："因为日出太美了，所以我们更要珍惜时间和学习的机会，你说是吗？爱你的妈妈！"

我们都应该好好向这位母亲学习，在孩子出现问题后，不是粗暴地责问、无情地惩罚，而是参与其中，倾听心声。参与和倾听，传递了对孩子的爱、宽容、信任、耐心和激励。如果这位母亲听了老师的话后，不问青红皂白地将孩子打骂一顿，结果可能打掉孩子对生活的热爱，蒙上孩子发现美、欣赏美的眼睛。

3. "数子十过不如赞子一功"

赏识教育实践者、家庭教育专家周弘有这样的提醒：哪怕天下所有人都看不起你的孩子，做父母的也要眼含热泪地欣赏他、拥抱他、赞美他，为自己创造的生命永远自豪。每个生命都是一个奇迹，教育的奥秘就是要承认差异，因材施教。当家长的不要老是看到"别人家的孩子"，要学会转换视角，发现自己的孩子，接纳自己的孩子，鼓励自己的孩子。

我还读到过这样一个故事：

邻居家的孩子参加高考回来，脸色蜡黄，双目无光，躺在床上茶饭不思。原来是作文考砸了。他有一种悬崖失足、坠入深渊的感觉——"一切都完了"，他的心在一片黑暗中沉沦。父亲不忍见儿子的惨状，好说歹说，央求儿子把作文默写出来，送到一所中学，请几位语文老师指点不足。三天后拿回作文时，发现整篇作文上写满了不同笔迹的批评和更正，几乎没有一处不被指责。父亲伤心极了，更不敢给儿子看。

就在那天晚上，孩子的小叔回来了。得知此事后，他又将作文抄了一遍，送到作家协会，请几位在省内外有名气的作家看看。他对作家朋友们换了一种要求，请他们将作文中的长处和文笔最佳的地方指出来。两天后，作文拿回来了，只见满纸都是褒奖溢美之词，原先被老师指责的地方，都换上了赞扬的评语。

邻居家的孩子从此以后不再小看自己，不再自暴自弃。他刻苦读书，心中常常铭记着作家的赞扬和鼓励。大学毕业后，又一鼓作气考上研究生，终于从低谷跃上高峰。

同样一篇作文，为什么会有"写满了不同笔迹的批评和更正，几乎没有一处不被指责"和"满纸都是褒奖溢美之词"的差异，主要是因为视角变了，一个是"指点不足"，一个是"将作文中的长处和文笔最佳的地方指出来"。无论是家长还是老师，我们都需要一种积极的视角，古语有云"数子十过不如赞子一功"。

4. 切忌简单粗暴

教育孩子切忌简单粗暴。在电影《跳出我天地》中有这样的情节,我们可以看到家长和孩子的紧张关系如何一步一步升级,父亲对孩子的简单粗暴如何影响了孩子的未来人生。

父亲发现比利背着自己学芭蕾以后,怒气冲冲地说:"你居然背着我去学芭蕾?男生应该踢足球、打拳击或者玩摔跤,而不是跳该死的芭蕾舞。"(评析:我们对人生常常会有很多偏见,带着这样的偏见,在生涯规划和指导时就常常不是为孩子指示可能的生活道路,而是在堵死自己选定道路以外的其他道路。)

比利质疑:"哪有男生自己喜欢摔跤的?"

父亲说:"少给我顶嘴!"(评析:这里是把孩子的问题当成询问和质疑,还是看成顶嘴?不同的判断会有不同的应对方式。)

比利说出自己的想法:"我不觉得跳芭蕾有什么不对。"

父亲:"你自己知道为什么不对!"

比利:"我不知道。"

父亲:"你知道!"

比利:"我就是不知道。"

父亲:"你怎么可能不知道?"(评析:为什么男孩子不能跳芭蕾?比利不知道,父亲也没有充分的理由。从说服的角度看,此时应该交流和讨论,在交流和讨论中尽到父亲教导的责任。但在自己没有充足理由、又没有平等对话氛围的情况下,此时就会出现压服——"你自己去想","想不通也要这样去做"。另外,冲突升级的前兆还表现为语句越来越短,彼此越来越没有耐心。)

语言上压服不了,父亲开始威胁:"你想挨揍是不是?"

比利赶紧申辩并试图解除父亲的疑虑:"不是,真的不是。爸爸,学芭蕾不会娘娘腔,芭蕾舞者的身体跟运动员一样强壮。"

父亲无法反驳孩子的意见,直接替儿子做出决定:"听着,从现在起,你不用想什么狗屁芭蕾，更不用想什么狗屁拳击。我会想尽办法去凑50便士，从现在开始，你给我待在家里照顾奶奶。听到没有？！"

父亲的行为也让比利彻底失去了耐心："我讨厌你！你是个讨厌鬼！"

面对儿子的反抗，父亲站了起来，抓住儿子衣领往墙上撞。

比利逃脱，跑到野外，踢打着路边的标牌和道路，嘴里愤怒地叫骂。后来，比利参加皇家芭蕾学校面试，自己感觉跳得很糟糕，对自己很失望。回到更衣室，另外一位面试者看他难受，主动走过去安慰。出乎意料的是，比利控制不住自己的情绪，冲上去给了对方一巴掌。

为什么会这样？我们似乎可以在比利和父亲的冲突中寻到一些蛛丝马迹。可以说，父亲的压服和暴力教育的结果培养出了有暴力倾向和冲动的儿子，父亲的不讲理培养了不讲理的孩子。

（四）　教给孩子应对紧张关系的方法

对于家长，教师没有指手画脚进行教育的权利；对于学生，教师却需要尽到教育的义务。孩子和家长关系紧张了，教师对学生的教育可以从以下几个方面进行：一是引导孩子理解家长，理解家长的关爱，理解家长的良苦用心；二是指导孩子学会和家长沟通的方法，学会主动和家长交流，学会表达自己的意愿和意见；三是指导学生在和家长沟通遇到困难与障碍的时候，学会求助，学会借助外在的力量架设沟通的桥梁，表达沟通的意愿；四是教育学生始终不做伤害自己、伤害家长的事，不仅对自己负责，也对家庭负责，对生养自己的父母负责。

在电影《三傻大闹宝莱坞》中，当法罕决定违背家人让他当工程师的愿望，准备在毕业后当摄影师的时候，他和父亲有过这样的一段沟通，我以为这可以作为孩子和父母就职业选择进行沟通的经典案例。

父亲问："是不是那个混蛋兰彻给你洗脑了？"（评析：语言固然难听，

但这一问非常有必要。那就是:对你的生活你要自己动脑子,你要对自己的生活负责,你不能听风就是雨,不能不经自己脑子地跟风、跟潮流。)

法罕说:"爸爸,我不喜欢机械工程,也不可能成为一个好的工程师。兰彻说得很对,让你的兴趣变成职业,工作起来就会快乐百倍。"(评析:法罕首先对父亲的问题做出回应:"我自己的事是好好想过的,这是根据我的兴趣选择和决定的。"但又实事求是地承认受到了兰彻的影响,把兰彻的话说出来,还可以告诉父亲:"他的话是对的,不要对他有偏见,你不要针对他。")

父亲说出自己的担心:"你在丛林里能赚到钱吗?"(评析:这是对生活理想主义者的告诫:生活不能仅仅只是浪漫和理想,还有油盐柴米酱醋茶,你需要考虑好这些现实的问题,不要只是一味谈理想。)

儿子回答:"报酬虽然很少,但收获一定很多。"(评析:说明自己对人生的理解:"生命不只有生存,还有生活,还有其他值得追求的东西。"同时也说明,摄影有一定收益,要父母不用为此担心。)

说过生存的问题,父亲要求孩子从长远考虑:"五年之后等你见到同学朋友买房买车的时候,你就会后悔。"

法罕表示已经对长远的问题有所考虑,再次请求父亲同意:"当工程师只会让我郁闷,到时我更后悔。我想走自己的路,爸爸。"

父亲拿出感情和面子牌:"所有人都会嘲笑你。失败者才会在最后一刻退出。亲戚们都因为你在帝国理工学院读书而骄傲。可现在呢?你让我的脸往哪里搁?"

儿子回到感情,对父亲也动之以情,说明自己只在乎父母的理解和感情:"那个省钱给我买空调的人,为了培养我而委屈自己的人,让我骑在肩头逛动物园的人,不是别人,而是你,爸爸!我只在乎你对我的看法,其他人我真的一点儿都不在乎。我不管他们是怎么想的。"

即便如此,父亲依然固执:"你以为你是谁呀,你是电视剧里面的英雄吗?"

眼看就要闹僵,这时需要第三者转圜,孩子母亲救场:"求求你了,他也很难过，别逼他了。我不想他像拉杜（注：法罕的老朋友拉杜因为家庭和学校的压力，曾经跳楼自杀）那样。"

父亲以为自己不同意的话，法罕也会跳楼，只好在气恼和无奈中妥协："那就不必再讨论，再说也是废话。不然这小子就会从楼上跳下去。"

尽管父亲同意了，但这样的同意是不圆满的，也不是法罕想要的，法罕要让父亲理解和放心："我不会的，爸爸。我绝对不会选择自杀，我发誓。你讨厌的兰彻让我把我们全家福的照片放在钱包里。他告诉我说，如果我有任何想自杀的念头，就想想您和妈妈在看到我的遗体的时候脸上的笑容会变成什么样。"

父母被深深地打动。法罕继续说："爸爸，我想说服您，而不是用自杀来威胁您。爸爸，做摄影师，钱少点，房子小点，车差点，但是我会很快乐，我会非常非常的快乐。以前不管您让我做什么事，我都会听您的，只是这一次，让我自己决定好吗？求您了！"

终于，一家人圆满而愉快地达成了共识。

（陈大伟，成都大学师范学院教授）

8

学生父亲教育缺位，
怎么办

调动群体，让父亲做合格的教育合伙人

父爱缺位，集体应对

由于传统文化中"男主外、女主内"因素的影响、职业结构和生存需求的影响、父亲对自我角色的忽视以及多数父母"无证上岗"，加之离婚率不断攀升造成的父亲角色的现实性缺位，让当下"父亲缺位"问题较为突出，这极易造成孩子"精神性缺钙"。除了加强社会、家庭层面的工作之外，学校尤其是班级也应该行动起来，积极应对"父爱缺位"造成的不良影响，让孩子和父亲走出"父爱缺位"的丛林。

爸爸进校园，父亲角色的张扬与引领

陪伴缺失或质量不高是父亲角色缺失的重要表现。近三年来，我开展了"爸爸进校园"系列活动，受到学生、家长的热烈欢迎。

爸爸故事会。我邀请爸爸们走上讲台，给学生讲述自己的成长故事，让学生从父辈的成长中汲取智慧。同时让爸爸们展现自我，给他们履行"父亲角色"的机会，强化他们的"父亲意识"。

爸爸志愿者。我们邀请那些白天忙于工作的父亲，在晚修时间走进班级。他们或协助老师值班，或替代老师完成某项工作，或和孩子们一起学习，并利用值班时间撰写"家长观察"，将图片和文字整理并发在班级公众

号上。该活动的开展，极大地增强了父亲和孩子之间的相互了解，弥补了父亲陪伴缺失的遗憾，可谓一举多得。

我们创造机会，让爸爸们有时间、有空间陪伴孩子，弥补由于种种原因而失去的教育契机。这样的活动将家庭教育阵地"转移"到学校或班级，让父亲履行自己的角色，发挥父亲的应有作用；让父教价值得到张扬，发挥"模范爸爸"的示范与引领作用，从而带动全班爸爸们积极行动起来。

爸爸智囊团，"父爱缺位"的集体应对

心理学家麦克·闵尼研究显示：一天中与父亲接触不少于 2 小时的男孩子，比起那些一星期内接触不到 6 小时者，人际关系更融洽，从事活动的风格更开放，并具有进取精神甚至冒险性，更富有男子汉气概。遗憾的是，现实生活中这种情形却有恶化的趋势，导致父亲难以成为孩子心灵成长的伴侣。如何解决这一难题，我苦思冥想之际，受"爸爸进班级"活动启示，组建了班级"爸爸智囊团"，集体应对学生父爱缺失问题。

定制服务。班级中总有一些"后进生"，爸爸群体中也总有一些"高人"。如果让某些需要帮助的孩子尤其是男生和"高人爸爸"结合，会起到意想不到的效果，尤其是那些父爱缺失的孩子。再加上是"别人家的孩子"，提供"定制服务"的爸爸容易以欣赏的眼光看待问题，从而让"亲生父母"无比头痛的问题因关系改变而赢得契机。"高人爸爸"会利用周末或闲暇时间陪伴自己孩子和需要服务的孩子玩耍、学习，倾听这些孩子不愿意或者不方便给家长讲的"秘密"。此活动通过角色"重置"，让"高人爸爸"帮助"后进生"的爸爸，发挥他不能或不便发挥的作用，效果很好。

当然，"爸爸智囊团"还可以提供诸如男生青春期教育课、调解亲子冲突、处理学生矛盾等定制服务，这样既发挥了"高人爸爸"的优势，又弥补了父爱缺失的遗憾，帮助班主任解决了诸多难题，可谓一举多得。

集体家访。为了最大限度地发挥爸爸们的作用，"爸爸智囊团"提出由他们单独或者和我一起承担家访的任务。在家访中，爸爸们创造性地将

家访地点放在公园、图书馆、运动场等公共休闲场所，取得了较好的效果。尤其是爸爸们之间的"无障碍"沟通，汇聚了教育合力，也让我掌握了孩子的第一手资料，为教育学生提供了诸多帮助。

爸爸课堂，父亲角色的唤醒与重构

父亲缺位问题的最终解决，还有待于父亲角色的唤醒和履职能力的提升。而加强对班级爸爸们进行相关培训，是解决问题的有效途径之一。我们以往的实践表明，在家长学校课程中专门设置爸爸课堂，会取得不错的效果。

过去九年的实践中，我在班级建立之初，通过问卷调查和私下访谈相结合的方式了解班级学生情况，制订培训计划。在培训课程安排上，主要有家庭教育专家专题讲座，妇联、相关公益组织开展亲子活动，班级或学校家长学校资源库中的"模范父亲"现身说法。此外，我也会从教师的角度对家长进行培训。为了提升课堂的参与率，一般选择晚修或者周末时间，每学期6—8次课程，家长参与热情高涨。几年来，爸爸课堂的形式不断创新，在讲座、案例分析、现场咨询基础上，我们引入团队辅导和家庭辅导等形式，也让妈妈和孩子参与其中，提升了课程的整体效益。

爸爸课堂的培训，让父亲了解自身角色功能，履行角色的意义、途径，以及父爱缺失的补救措施。课堂中的现场讨论、咨询会给众多迷茫的父亲以方向性指引，案例分析又能深入浅出地展示亲子活动中的情节，让不同文化层次的家长都能有较大收获。培训现场的亲子活动会让父亲"玩伴"的功能得到充分发挥，使父母进一步明晰对孩子教育的合作和分工，提升父亲履行自身角色的能力，从而做到既不缺位也不越位。

在不断地讨论、交流、模仿和实践中，爸爸们走在"爸爸回来了"的路上，实现了父亲角色的重建，提升了履行父亲职责的能力，激发出当好父亲的意愿，从而能够为孩子们的健康成长保驾护航。

（王德军，王霞，广东省湛江一中培才学校）

带着爸爸游学去

学校一直倡导家校携手促进孩子成长。校长也常说：一个优秀教师，一定善于利用一切可利用的资源来帮助孩子们成长、丰富孩子们的体验。然而我发现：几乎所有活动都是妈妈们参加——很多爸爸在教育子女的过程中角色缺失。我们都知道，随着孩子的年龄增长，爸爸的参与和陪伴越来越重要，尤其是男孩们，非常需要从爸爸身上获得勇敢、坚毅等品质。可是，怎么才能让爸爸主动参与孩子的成长？我的脑海里突然冒出一个想法：能否结合学校每年一次的湖南游学活动给予爸爸们引导呢？

于是，"爸爸去哪儿"走进湖南活动开始策划了。

令我意外的是，"只邀请爸爸和孩子一同参加"的信息刚发出去，当天竟然就有 19 位爸爸报名参加。没有一条咨询短信、没有一个征询电话，爸爸们就是不一样，干净利落！看来，愿意参加班级活动的爸爸其实不少。

不过我有点担心，平时与爸爸们沟通的次数太少，该如何对爸爸们进行引导呢？

让孩子的行为影响家长

游学前，我们做足了功课。孩子们共同商量游学约定，包括进餐、坐车、宾馆住宿等几大方面，细致到"就餐前先洗手、一人未到全桌等待、圆桌玻璃盘方向一致转动"等。再加上孩子们每年都参加游学，早已养成了一些良好的习惯和礼仪，所以，游学中各个餐厅的服务员都会说："你们是哪个学校的？吃饭真安静！"游学的第二天中午，饭菜上桌了，第二桌却没有一个人动筷子。孩子们说一位老师去了卫生间还没有回来，他们要等人到齐了才开始进餐。受到孩子们的影响，大嗓门儿的爸爸们进餐时也安静下来。

　　徒步橘子洲头时，三个小时的徒步，没有一个孩子掉队，没有一个孩子乘车，没有一个孩子抱怨。红歌、古诗词、英语歌、课文朗诵，孩子们嘹亮的声音成了路边最美丽的风景！爸爸们也紧紧跟随队伍左右。每天晚上，孩子们都会安安静静地记录游学体会，没有一人嚷着要出去逛街，没有一人溜到宾馆外面打闹……。这一切，爸爸们都看在眼里，他们也都在默默地配合着孩子们。

　　也许是平时爸爸们对孩子的陪伴太少，所以很自然地习惯于用物质去满足孩子。游学之前很多爸爸对孩子说："你只管去，要买什么我来出钱！"我认为这种态度对孩子影响不好，因此，在回程车上，我们专门召开了一次"购物账单分享会"。孩子们或用表格梳理，或用文字记录，或图文对照，记录自己的游学账单：

　　小书说："挣钱不易，花钱容易。我花 5 元买了一个印章，结果在另一个地方发现 10 元可以买 4 个。所以，经验告诉我，一定要到最后再出手。"

　　小璟说："我觉得自己还算节俭，还剩 11 元。我给爷爷、奶奶、妈妈、姑妈都带了礼物。"

　　小玮说："我觉得家乡有的物品，就不要在长沙买……"

　　最后，班级主持人还带领大家评选了以下奖项："最有孝心奖""最节约奖""购物最有心得奖""讨价还价最有方法奖""货比三家最有眼光奖"……。这一切让爸爸们彻底惊呆了："没想到十一岁的孩子做事已经如此有计划、会安排。""原来是我们对孩子不放心。"……

　　信任，是相处的基础；放手，是最好的疼爱。有了这些，已经无须我再做任何引导了。

让家长的行动影响家长

　　游学三天，一直有这样的身影让我们感动：一直照顾晕车孩子的爸爸；一直在队伍最前面或蹲或趴给孩子拍照的爸爸；帮忙给全班搬运行李的爸爸；关注到别家孩子生活细节的爸爸……。这样的身影，这样的声音，我们一一记录下来，并抓住机会在群里进行正能量的传递。

游学的最后一晚，我们在韶山的宾馆里组织所有爸爸们围坐在一起，开展了一次"爸爸讲堂"活动。本期主讲嘉宾是向爸爸。他是一位普通的爸爸，从家乡五峰来到宜昌，在一家工厂任职。但他也是一位值得敬佩的爸爸：只要儿子放假回家，即使刚上完夜班，也要挪出补觉的时间陪孩子下棋、阅读、骑车。国庆节期间，他带着儿子骑着自行车前往五峰，来回3天，总行程230公里，途中遇到了各种困难：爆胎、迷路、遇雨……。他说："这样的骑行带给孩子的是战胜困难的勇气和毅力。男孩子，需要这种锻炼！"

他的演讲既生动又接地气，其他爸爸都听得入迷。向爸爸的话音刚落，爸爸们自发组织的讨论就如火如荼地开始了。爸爸们都主动反思自己孩子的不足之处，并开始意识到家庭教育中父亲角色的重要性。

最后，向爸爸和徐爸爸主动邀请全班孩子和家长走进五峰。他们建议：班级37个孩子们入住大山里的农家，自己动手做饭菜；和农家的孩子们交朋友，同读一本书；走进田地，认识农作物，帮忙干农活……

活动还有更大的辐射效应——参加游学的爸爸们自发组建了"爸爸之声"微信群，大家在群里积极踊跃地策划下次活动并提出建议，这种热闹的场景是之前从没有过的。

一次游学，多般收获。这让我不得不思考：我们的教育，是否有足够的平台，使爸爸们能有机会和勇气参与到学校、班级活动中来？是否有足够的平台，使爸爸们得以从孩子和其他家长身上看见自己，从而反观自己？爸爸课程，值得探究！

（易华芹，湖北省宜都创新实验学校）

转变个体，让父亲成为最好的陪伴者

爸爸回来了

　　一个周六，接到小俊妈妈的电话，电话那头传来急切的声音："昨晚小俊偷偷跑去网吧通宵，今天早上回来的时候被我抓个正着。"

　　小俊已经不是第一次这样了。我忙问："上周，您说小俊偷拿了家里的200元钱并花光了，是不是也拿去上网了？"

　　停顿了一会儿，小俊妈妈说："刚才询问他，他承认了。"

　　"看来小俊网瘾还挺重，已经开始拿家里的钱了。这不是好预兆，需要给予足够的重视。"我意识到了问题的严重性。

　　在接下来的沟通中，小俊妈妈告诉我，小俊的爸爸因为工作原因，常年在外地，教育小俊的责任都落在了小俊妈妈身上。随着进入高年级，小俊有了更多自己的想法，开始出现蔑视规则和规范的情况，不愿意和其他同学合作，不服从老师和父母的管教。

　　每一个家庭里父母扮演的角色都不同，而小俊身上出现的一些问题，与其父亲的角色缺失有很大关系。于是，我多次与小俊爸爸进行沟通，让他明白父亲在子女成长过程中所要扮演的角色，特别是在孩子一些性格和品行上的影响是母亲所无法代替的。小俊的父亲也意识到小俊的问题十分严峻，于是他向公司申请调回晋江工作。

　　然而，小俊身上的问题已然形成，并非随着父亲的回归就能马上解决。

接下来，我经常和小俊爸爸商量如何让小俊形成规则意识，因为唯有家校共同参与，才能促使孩子转变。

每年十二月，学校都会举行各年段的篮球赛。小俊是一名运动员，我想，这或许是一次机会。我邀请小俊的爸爸妈妈一起为小俊加油，并提前商量好比赛中可能出现的问题及处理办法。

正式比赛开始后，小俊因动作过大，早早地便出现三次犯规。由于屡屡被判犯规，小俊的脾气上来了，见状，我赶紧把他换下场。一下场，他就怒踢了身旁的矿泉水瓶。我和小俊的爸爸一起走到小俊身边，我示意小俊爸爸先对孩子进行引导。小俊爸爸问："裁判为什么要判你犯规呢？"小俊生气地说："他们乱判。"这时，小俊爸爸指着球场上打球的学生说："你看看场上的两队同学，你觉得他们表现得怎么样？"小俊瞄了一眼说："表现都很好！"小俊爸爸继续说："裁判有判罚别人吗？"小俊摇摇头。小俊爸爸把小俊打球的视频递给小俊说："你刚才防守的时候拉住别人的手、撞在别人身上，让别人无法运球。篮球场上，为了保护每一个运动员，就会有规则，不允许随意碰、拉等破坏运球的行为。"小俊看着视频，不由得低下了头。小俊爸爸看到小俊意识到问题了，继续引导："如果你在投篮运球时别人也这样拉，行吗？"小俊摇摇头。小俊爸爸拍着小俊的肩膀说："今后走入社会也是如此，我们会面对各种各样的规则，不能我们想怎么样就怎么样。"

篮球是小俊喜欢的运动项目，其实他也知道规则，然而，长期养成的无视规则让小俊无法克制自己的行为。通过小俊爸爸的引导，小俊开始意识到规则的重要性。之后，有小俊参加的活动，我都会邀请小俊爸爸参加。

小俊爸爸会特意带小俊去图书馆、动物园等有一定规则和行为规范的地方，引导小俊去认识不同地方有不同的规则。

慢慢地，我发现小俊在很多方面都有所进步。比如自习时间，他不会再随意讲话，而是认真看书；对于分配的任务，他积极参与等。我也及时将小俊在学校里的进步和小俊爸妈分享，小俊爸妈也会分享孩子在家里的变化，我知道后就会对小俊进行表扬。

小俊爸爸回归自己在家庭中的角色，及时地填补小俊心中缺少父亲关注的空缺，有效遏止了之前小俊的网瘾等问题的进一步恶化。每一个孩子在成长过程中，都期望得到完整的爱。父亲和母亲扮演的角色不能由其中一位全部代替。各司其职，才能培养孩子完整的性格。

（李伟明，福建省晋江市第二实验小学第二校区）

做代言人，帮孩子体会父爱

父爱，其实一直如影相随

父爱是沉默的，常常被忽视，需要营造氛围感受父爱；父亲是忙碌的，有时会缺席，需要在扮演、模仿中体会父爱，呵护父爱滋长的空间。

分享成长故事——流动的父爱

我班设有"成长故事坊"——让家长在主题班会课上讲述个人成长故事。我在家长群里动员孩子们的父亲积极参与，旨在使学生能从多个家庭父母与孩子相处的故事中了解父爱、理解父爱。

有位父亲给全班学生讲述了为何在前年要了第二个孩子。他说："孩子，我们不是厌弃你，减少对你的爱，也不是求得儿女双全或者多子多福，我和你妈妈想的是在我们百年之后，能留给你一位至亲的人……"

有位父亲分享了他和女儿间的趣事。他说女儿五岁的时候笑他说："爸爸比丑八怪还丑。"他乐呵呵地说："我就是要你将来能找到美，才长得这么丑的。"后来，他一直以丑角的角色存在，在生活中反衬逗趣，让女儿发现美、追寻美，也保有一份生活的趣味、诙谐。

父爱的深沉与悠远，父爱的诙谐与智慧在讲述中明了、传递、响彻。其实，很多时候是孩子们误解了父亲，没有给父亲一个表达的可能，也没有给自己一个倾听的机会。其实，在倾听中，孩子会逐渐理解、发现，远去的父爱、隔膜的父爱、淡忘的父爱需要一个姿态去迎回。在流动的讲述中，倾听多样的父爱故事，感受多态的父爱因子。

我为父亲画个像——父亲的位置

我教的是美术班，孩子擅长用手中的画笔表情达意。在父亲节前三周，我向孩子们宣布："今年，我们用手中的画笔为自己的父亲画个简笔肖像，把它作为礼物送给自己的爸爸。画面的主题、风格、色调、尺寸大小由自己决定。父亲节后，父亲的画像留在家里，画后的故事可以带回教室，我会找一个特别的地方保存故事。"

孩子们听后异常兴奋，有的当即就拿出画板开始描画了。三周后，有位女生带给我一幅画，画中是端坐着的、恬静的她自己，画的左下角是一只带灰浆的手握着一支铅笔。我特别赞赏她把自己的形象气质画出来了。她却轻声地问我：老师，您猜猜我这幅画的主题是什么？"文静的你。"我随口而出。她摇摇头说："是'父亲的位置'。爸爸知道我从小喜欢画画，他就说要和我一起学画画。每次他只画我，每一张他都觉得画得很丑。后来，爸爸干活累了，就让我画他，我们互相画对方，比谁画得好。他是粉刷工，这张画就是他下班后画我的情形。"我完全惊呆了，她画的哪里是自己，她画的是她人生的画师——父亲！之后，我在我们班的画室专门开辟了一个栏目——父亲的位置，把这次父亲节中孩子给爸爸的礼物复制了一份，展示出来。

在生活的空间，找个地方存放父爱。即使父亲因忙碌长期不能与孩子相伴，但是父亲的位置一直都在，默默回想他的模样；即使是一幅父亲的画像，也能让孩子感受到父爱的流淌与相守的力量。

我为父亲代言——父爱的延伸

记忆是需要传承的。我告诉学生，留意观察、回想自己的父亲在生活中、工作中的一个细节，可以是父亲在家中的坐姿、说话的语气、与他人见面时的握手寒暄等；也可以交流、记录父亲的一次微笑、烦心或者难为情；还可以选取父亲最令自己自豪、感动、震撼的一件事。在这之后，进行"我为父亲代言"活动，可以是模仿秀，也可以是故事讲述，只要能真正代言自己的父亲形象就行。

活动中，学生们一丝不苟地表演自己的父亲的言行，有的带了道具，有的请同学助演，有的还进行了简单的装扮。有位学生模仿家庭聚餐时，自己父亲招呼爷爷与外公入座时的称呼："爸（单字，轻而短的声音），您坐这边。"——这是称呼外公。因为称呼单音"爸"，是妈妈老家人喊爸爸的习惯。"爸爸（双字，稍稍重一点又转声拉长一点点的声音），你坐这里。"让爷爷入座就是这样称呼的。因为爷爷经常说，一家人，没必要太客气，说话随便些更亲热，所以爸爸喊爷爷时用了"你"。这位学生还补充道，为了避免应答错乱的尴尬，父亲一边称呼，一边躬身引导入座。他那细腻用情的表演，不仅"秀"出了父亲对老人细致的关爱，也"秀"出了我们的共鸣震撼。是啊，在家人平常的交谈中，这差异恰好是爱的密码、情意的传声筒。

活动总结时，我对学生们说："其实，父母的举手投足已经深深烙在了我们的言行中、生活中、学习上，我们不仅仅是表演模仿他们的言行神情，更重要的是要真正地践行。践行父亲优秀的品格与精神，真正做好父亲的代言人，做好家庭的代言人，做好班级学校的代言人。"

因为忙碌，父爱会缺席，我们可以在分享成长故事中理解缺席的缘由；因为"爱在心口"的沉默，父爱会"隔离"，我们可以营造氛围，剥除隔离区，重新发现温存于心中的父爱的位置；因为疏于亲热，父爱可能淡漠，我们可以做好父亲的代言人，传递父爱，传递温情，共同搭建父爱洋溢的空间，体验父爱的格局。

（张王斌，四川省成都市双流艺体中学）

寻　找　父　爱

一

高一文理分科后，班里来了一名学生小登。一段时间后，我发现小登有一些不太好的行为习惯，如上课睡觉，经常不完成作业。我正思考该如何帮助教育他时，一天课间，小登竟与同学大打出手，理由是同学叫了他父亲的名字。

我意识到这其中必有原因，于是立即去小登家进行了家访。原来，父亲在他四年级时出车祸去世，母亲独自拉扯两个孩子。父亲去世后，小登常常躲在角落里抱着爸爸的遗像哭。一个思念父亲却不得的孩子，其内心承受着怎样的痛苦，他是在发泄？在无奈地报复？了解到这些，我的心揪得难受。

我找小登谈话，刚提到他父亲，他的脸色一下子就变了，神情悲伤。我问他："跟老师说实话，想你爸爸吗？"这个一向玩世不恭的孩子突然满脸泪痕失声痛哭。看着孩子，我也泪流满面，我同情他的遭遇，更心疼这个孩子内心的煎熬。我想了想后说："你是一个并不优秀的学生，你需要变得优秀吗？""你的母亲需要你优秀吗？你的父亲呢？"他一一点头。最后，我布置他认真完成一项作业：每天坚持写一篇文章，回忆父亲给他的爱，直到再也没有什么可写为止。

连续两周他每天交来一篇文章，我也在他的文章下面写下我的感受，真诚地告诉他我所读到的父亲形象。在我们的文字交流的过程中，小登在变化着——那是迷惘无助的孩子找到了他渴求的东西：虽然父亲过世，但爱依然存在。在父爱的召唤下，这个孩子走向了成熟。

班里有个"胖哥"小凡，每天零食不断、废话不止，被老师逮着了，承认错误却坚决不改。家访时，我感到他的家庭教育出了问题：这是一个很典型的男主外、女主内的家庭，孩子从小由母亲负责教育，父亲在外挣钱养家。妈妈对儿子十分疼爱，父亲则很严厉，恨铁不成钢。孩子到了青春期，竟然仇视父亲，支持父母离婚。

孩子对父亲不接纳，又怎么能接受父亲的影响和教育。而小凡的行为也证明了这一点。怎么能让孩子感受到父爱呢？我把目标放在这个"心中有爱"却无能为力的父亲身上。我鼓励父亲看到孩子的优点，改变方式，别老板着脸训孩子，从小事做起，证明自己是爱孩子的。一次小凡因上颌窦炎需做手术，他父亲便放下工作，悉心照料孩子。终于，孩子低下头向父亲说了句"爸爸对不起"。

父爱是粗线条的，所以经常容易被子女忽视。从另一个角度来讲，父亲是不是也要反思一下：很多时候，那些"爱"是否经常被恨铁不成钢的呵斥代替，或者深藏在高高举起的巴掌之下。常交流，在潜移默化中实现心与心的沟通；多关心，以生活中的细节塑造温厚高大的父亲形象。父爱是一门艺术，需要表达，也需要行动。

（陈冬梅，新疆维吾尔自治区哈密市巴里坤县第三中学）

弥补缺失，助力单亲留守家庭

提高孩子复原力，打破父亲缺位困局

美国心理学家格赛尔说："失去父爱是人类感情发展的一种缺陷和不平衡。"而我国 2016 年发布的《中国家庭教育现状白皮书》显示，父亲主导教育的家庭不足两成。造成这一现象的原因主要分为两种，一种是死亡、离异或父亲长期在外工作；另一种是父亲虽然在家，但很少参与到孩子的教育中。在此我想针对第一点谈谈个人的看法。

相似的背景

我的班级里曾有过这样两个特殊的孩子。一个是小于，四年级时父亲因意外去世，母亲在一个市场摆摊来维持家用。另一个是小谷，二年级时，母亲因父亲家暴，选择离婚，带着他和姥姥、姥爷背井离乡，来到现在这个城市生活。母亲在一家商场从事销售工作，靠着这份工资支撑四个人的开销，常常捉襟见肘。两个孩子有着相似的成长经历，在成长中缺少父亲的关爱和教育，但这两个孩子在性格、在校表现等方面却并不相似。

不同的他们

小于性格内向，不善与人交流，不喜欢运动，学习成绩一般的他，中考落榜了。母亲觉得他太小不愿让他工作，他在家无所事事，整天沉浸在游戏世界里。

小谷性格活泼，热爱运动，积极参加班里的活动，学习成绩一直名列前茅，最后顺利考入重点高中。

本来家庭情况相似的他们，为什么只有小谷能打破"困局"呢？

提高复原力

当孩子面对逆境时，能够自救甚至提升自己能力需要的是复原力。那该如何提高孩子的复原力呢？我认为可以从以下几个方面入手。

母子关系

毕生发展观认为，父母中至少有一人与孩子关系亲密，给孩子以关爱、适当的高期望，监控好孩子的活动，安排好家庭环境，这样的父母能增强孩子的复原力。

小谷的妈妈经常以平等的态度与孩子沟通交流，她了解孩子在校的动态或是孩子遇到的棘手问题，他们之间常常无话不谈。她经常在饭桌上与孩子交流当天的经历：在卖东西的时候遇到一个怎样的客人，她发现怎样做才能销售得更多等，目的是让孩子了解自己的工作与想法。孩子也会更主动地与妈妈谈起在学校的情况：最近班里怎样，哪个知识点没太听懂等。然后，妈妈陪孩子一起制定学习目标，周末一起泡图书馆，尽力创造与孩子互动的机会。

反观小于的妈妈，她经常这样教育孩子："妈妈就剩你这个儿子了，妈妈所有的期望都在你的身上。"这无形中给孩子造成很大压力，也让孩子不敢向妈妈倾诉，久而久之，孩子越来越内向、抑郁、孤立。

活动参与

积极行动、加强活动参与，比如音乐、体育等，会增加展示自我的机会，赢得更多成功的体验。这有助于积极应对生活的变化、适应新的环境。小谷喜爱运动，是我班的运动健将，运动会上为班级赢得了很多荣誉；篮球比赛时也是我班主力，是我班女生心目中名副其实的男神。通过这些活动，他也取得了成功的喜悦和成就感。而小于的妈妈因为丈夫的意外离世，一直没有释怀，所以她经常控制小于外出的时间，担心外面的危险会伤害到小于。小于大多数时间是在家玩手机，这使他形成了不善于与人交流、沉默寡言的性格，渐渐游离于团体之外。

社会支持

一个孩子能与父母之外的人形成良好的亲密关系，有利于提升复原力。并且，良好的亲子关系也代替不了同伴关系，所以要鼓励孩子多交朋友。一方面，孩子可以从同伴身上获得支持；另一方面，孩子也可以成为别人的支持。当孩子学会关爱别人的时候，他能从自己的体验中学习如何提高复原力。小谷在班里有多个要好的朋友，一起学习，一起跑步，周末还一起打篮球，一起积极参加班级活动。而小于不善于与人交流，性格内向，为此，我把他安排在班内比较活跃的一个小组，希望通过别人的带动让他开朗积极些，也能有更多的机会参加班级活动。但由于他内心抵触，初中这几年的教育效果并不显著。

作为孩子的班主任，对于这样特殊家庭的孩子，要给予更多的关注和爱，让他们找回失落的爱。大多数这样的孩子都有一定的自卑心理，我们要经常表达对他们的肯定和表扬，帮他们赢回自信心；要尽可能创造机会对他们"委以重任"，让他们参与到班级管理中，发挥他们的才能，发展特长，让他们体会到成就感，最终让缺失父亲陪伴的孩子不再缺少爱，依旧阳光、向上。

（李敬霞，山东省威海市第十中学）

"娘娘腔"变身"男子汉"

又是一年开学季，我依旧脸上洋溢着微笑，站在班级门口迎来又一批一年级新生。小楷躲在奶奶后面，怯怯地小声哭着，不肯进教室。我用最诚挚、温柔的笑容迎接他，并轻声对他说："小楷，老师喜欢你，跟我进教室吧！"我半拖半拽地将羞涩的他安置在座位上。

第一节课，小楷终于开口说话了，我却惊奇地发现：他虽然长着高高大大的男孩身板，说话时却是一副女生样，也就是我们俗话说的"娘娘腔"。

体育课上，他特别胆小，别的男生都会爬杆，他硬是不敢；别人欺侮他，他就只知道哭；手上擦破一点皮也会哭得死去活来；平时他不喜欢跟男生玩，喜欢和女生玩安静的游戏……

在那个落日余晖的黄昏，我来到了小楷的家，终于走进了他的世界。

这是一个典型的"妇女之家"，一家五口人，奶奶、爸爸、妈妈、姐姐和小楷。小楷的爸爸长期在俄罗斯工作，一年只回家一次。在与妈妈的深入交谈中，我找到了导致小楷女性化的主要原因，那就是家庭环境中的"性别缺失"。在家中，整天陪着小楷的都是女性，而且奶奶和妈妈都是很温柔的女性，这些环境和人都可能导致小楷在性别认同上出现偏差。

德国心理学家的研究发现，缺失父爱家庭的孩子出现性别角色认知偏差的概率，要比普通家庭的孩子出现的概率高 2 到 3 倍，这就意味着家庭背景和家庭环境对性别角色认知的形成有着巨大的影响。在小楷成长过程中，父亲角色总是缺席，导致他在一个相对柔弱的女性世界和思维模式中浸润得太久，身上与生俱来的男孩气会随着模仿天性的驱使，一点一点地被侵蚀，不知不觉地朝着女性化的倾向发展。其实小楷的妈妈也发现了孩子的问题，可是经教育无效后，也只有无奈和迁就。

为了转变小楷的"娘娘腔"，让他成为真正的男子汉，我决定双管齐下，家校携手共同努力。一方面我在学校加强引导、教育；另一方面，要求小楷的爸爸妈妈极力配合。

要做一名真正的男子汉，首先要有勇气和胆量。正好学校的跆拳道班开班了，我鼓励小楷大胆参加，第一节课他要我陪着他一起学习。

"我先教你们基本功里面的马步压腿。"威猛的男教练一边示范一边说。可小楷的腿刚压一点就疼得哭了起来。我知道他是怕疼，吃不了一点苦。

于是我走过去，对他说："来，老师给你揉揉好不好？你看，小轩已经压下去了，你忍一忍，也一定能压下一点。我们慢慢来，加油，你是最棒的！"

小楷知道在我面前哭是没用的，只好硬着头皮小声回答："好。"

"不够大声哦，老师没听到。"我说，"你要像男子汉一样大声说话。"

"好！"他大声喊道，这回小楷的声音非常响亮。

小楷在我的鼓励下，咬着牙，脸憋得通红，硬是做好了标准的马步压腿动作。我称赞道："小楷真棒！真勇敢，对不对？"

"对！"声音响彻教室。我给了小楷一个大大的拥抱。

我的鼓励大大增强了小楷的自信心，我想只要他坚持锻炼，克服困难，"娘娘腔"变身"男子汉"一定见成效。

为了让小楷拥有更多的阳刚之气，我私下有意安排几个男生和他交往，陪他玩男生的游戏，如摔跤等。刚开始，他显得很拘谨，不愿参与，有时就站在旁边傻傻地看着。那几个男生也很负责，天天鼓励他，拉着他教他玩。慢慢地，他终于突破了心理防线，开始参与其中。那一天，我看到他和几个男生玩得额头满是汗珠，大声地笑闹，看得出他开心极了。在与男生的游戏中，我感觉他越来越像一个男子汉了。

在家庭教育方面，我和小楷的爸爸在QQ上取得了联系，我介绍了小楷的现状，希望得到他爸爸的支持与配合，他爸爸也正为小楷的性格担心。

为了提高小楷父母亲子沟通的意识和能力，我要求小楷爸爸每周和小楷视频聊天一到两次，不管孩子说不说话，都跟他说上几句，让他感觉到爸爸虽然不在身边，但是非常爱他；希望爸爸平时多拍一些工作、生活照片或视频，发给孩子看看；爸爸还要利用假期多带孩子玩耍，并拍一些亲子玩耍的照片、视频，以便爸爸不在的时候给孩子看。

同时，我也希望妈妈要尽量多带小楷玩一些带冒险性质的男孩游戏，多鼓励孩子勇敢向上、大胆探索，以弥补缺乏父爱带来的缺憾。我要求妈妈平时经常跟孩子聊聊爸爸，让他了解爸爸的工作，觉得爸爸是在做一些很了不起的事情，让他在内心深处效仿爸爸，把爸爸当楷模一样崇拜。

慢慢地，我欣喜地发现小楷较之前有了明显变化，变得自信、开朗，男孩气息越来越浓了。

"六一"班级展示上，小楷身手矫健、干净利落地表演了一套跆拳道操，那"嗨、嗨"的喊声震响了全班，好像在向所有人宣告："我是真正的男子汉！"同学们把目光聚焦在他身上，热烈的掌声不断响起。我想那掌声是对小楷最好的肯定，因为从"娘娘腔"变身"男子汉"，小楷在成长的路上迈出了成功的一大步。

以后的日子，上课的时候，我总会看见小楷高举的手，听见他不再"娘娘腔"地铿锵有力的回答声；课间的时候，他的身影也会在男孩子群中跃动；黄昏的时候，校园的操场上嬉戏奔跑的人群中准会有他……

想到小楷从"娘娘腔"一步一步变身"男子汉"，我的心中充满无限的欣慰与感动。

（方青，湖北省武汉市硚口区崇仁汉滨小学）

对"父亲缺位"的思考

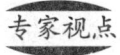 **父亲缺位的现象确实严重**

在家庭教育讲座中，我们常常看到满场端坐的几乎都是"娘子军"，只有寥寥无几的"党代表"。最近我召开的两个家长座谈会，出席的也全部都是母亲。由此，确实让人感到"阴盛阳衰"，父亲缺位问题很严重。

2015 年 12 月 22 日，全国妇联儿童工作部在第二次全国家庭教育现状调查结果发布会上发布了家庭教育现状调查的主要结果和核心数据。此次调查以中小学生父母为主要调查对象，共发放问卷一万余份，覆盖北京、天津等 28 个省区市 93 个市县。调查发现，在家庭教育分工中，母亲"唱主角"，而有近半数父亲"缺位"。针对"辅导孩子学习""接送孩子上下学""开家长会"等 14 项内容，调查结果显示，"爸妈共同承担"的情形占到 40.6%，"妈妈为主"的占 40.3%，"爸爸为主"的仅占 11.6%。

究其原因，我认为社会文化因素最重要。"男主外、女主内"的传统观念影响至深。不少父亲理直气壮地以"我在外面拼死拼活挣钱"为理由，放弃了教育孩子的责任。这种落后的甚至有点封建味道的观念，在当前仍然有一定市场。另外，媒体塑造的"小鲜肉"形象也是一种畸形的男性形象，是一种错误的引导。

二 慎重提出解决问题的方法

父亲在家庭教育中的作用，的确应该郑重提出来进行讨论。但是我认为，提出解决问题的方法要慎重。对此，有一位老师说得好："让父爱以正确的方式打开。"

1. 怎样"让父爱以正确的方式打开"

首先，这种讨论不应局限于用旧眼光对现状的剖析，更应以新观念放眼于未来。男性和女性在生理构造上本来就不一样，例如沟通左右脑的胼胝体的体积，女性就大大超过男性。无论是男性还是女性，一旦做了父母，当然各有特色。但是，现在人们眼中的父母形象，许多并不是他们真正的特点，而是传统文化为他们涂抹的颜色，是传统文化在为父亲、母亲画像。

日常说的"严父慈母""男子汉大丈夫""小丫头小媳妇"，往往渗透着刺鼻的宗法人伦的腐朽气味，充满着浓重的男尊女卑的封建情调，把本来意义上的阳刚之气、阴柔之美，弄得面目全非。

于是，所谓的"大丈夫"当然要处处显示他的权威，孩子分数不及格——大打出手；考试得"双百"——重金犒赏；教育孩子，那是婆婆妈妈的事情——当然由妈妈出面；孩子之间出现矛盾——必然是父亲替孩子去报仇，阳刚之气嘛；家庭出现了不同意见——自然是父亲说了算，男子汉大丈夫嘛……

其次，"让父爱以正确的方式打开"，最需要的是父亲提高现代社会所需要的素质。上面着重列举了所谓严父的"严"的一面，而人们期待的真正充满阳刚之气的行为为什么"千呼万唤不出来"呢？关键是素质，现代社会所最需要的素质没有得到提高。如果不提高素质，不论是男性还是女性的特色，由于它是低层次的，所以对提高家庭教育的水平都将无济于事。

目前社会发展所需要的素质，不是那些具有性别特点的素质，而是男女都需要具备的高素质，比如独立人格、责任感、进取心、创新精神、奋斗精神，我们能说这些是父亲的特色或者是母亲的特色吗？历史赋予的责任感、现代的思维方式、获取最新信息的能力，我们能说父亲需要而母亲就不需要吗？

所以说，我们呼唤父亲关注家庭教育，首先是呼唤一个具有现代素质的人，是在这个基础上将出现的既严格又慈蔼的新型父亲。

再次，随着人类进步与社会发展，性别能力的差异、男女特长的区别，已经越来越不显著了。例如阳刚之气，难道一定是父亲给的吗？毛泽东、鲁迅、老舍的母亲给予他们这方面的影响，大大超过父亲。进入人工智能时代，按一下按钮就可以调动几百吨的重物，此时还能说清楚女性和男性谁更有优势吗？

2. 在夫妻合作中提升父亲的素质，各自站好自己的位置

父亲在家庭中怎样站好自己的位置，大家提出了许多很好的观点和方法，在此，我想从另一个视角与读者探讨。

苏霍姆林斯基说："我们做父母的，应首先以自己的相互关心的行为来教育孩子，关于这些应该永远记住。"[1] "孩子们时时、处处都能看到，可以说，用自己的良心感觉到父亲是如何对待目前的繁重劳动的。孩子看到父亲尽量干他能做的活，以便减轻母亲的劳动，这不用说孩子更激动了……伟大的哲人列·尼·托尔斯泰在谈到好的、鲜明榜样作用的时候，曾经这样说过：'这种能力的发展，不错，就是自我教育。'若孩子眼中的年轻父亲不断发展这种自我教育能力，那么妻子的繁忙操劳，将逐渐为父亲所分担，这样的家庭即成为对孩子进行情感、道德教育的学校。"[2]

在家庭中，孩子所受到的最深入人心的成功教育，应该说都是来自一个合力，即父母双方合作的整体效应，而不是一个过分能干的主角和一个糟糕的配角所能给予的。无论是"阴盛阳衰"还是"阳盛阴衰"，都是让人

---

[1] 苏霍姆林斯基 . 家长教育学 [M]. 林志英，吴福生，等译 . 北京：中国妇女出版社，1982：18.

[2] 同①：27.

悲哀的家庭结构。

在这个整体效应中，首先是父亲和母亲共同营造的家庭和谐气氛。焦躁、粗暴的父亲，能为了妻子和孩子的愉快，变得温柔、耐心起来；胆小懦弱的母亲，可以为了丈夫和孩子的幸福，变得刚强、勇敢起来。一方虽然遇到烦恼的事情，却能为了保证全家的快乐气氛而不任意宣泄；另一方发现别人的悲痛，自己就会小心翼翼地用幽默来帮对方排解。父亲能够为家庭积极地补台，不论是刚强还是温柔的态度，都是"父爱以正确的方式打开"。

在家庭生活里，在一抬手一投足、一蹙眉一转睛的细微动作中，在父母双方都积极投入的烦琐家务劳动中，孩子所体验到的不仅是甜蜜的天伦之乐，更重要的是为他人幸福而心甘情愿付出的奉献精神。父亲做到了，就是最好的站位。

其次是双方取长补短形成的最佳合力。在家庭中，父母各自所发挥的作用可以因人而异。这时候，就不应该死守着传统的父母固定的形象。例如擅长形象思维的一方，可以创设各种措施，使孩子经常受到艺术的熏陶；长于逻辑思维的一方，可以提出各种方案，使孩子不断得到严密推理的引导。当孩子陷在失败的痛苦情绪中时，情感细腻的一方，立即成为教育孩子的主角；在孩子举棋不定、犹豫万分时，性格果断的一方，当仁不让地去为孩子导航。

在父母的家庭合作中，孩子能亲眼看到，只有积极的合作，才能产生整体大于部分之和的效果。父亲如果能够以自己的特长进行合作，就应该是站对了位置。在这样的环境里，孩子也将逐渐学会在未来的人生旅途中如何与更多的人合作。

再次是爸爸妈妈在教育孩子过程中，巧妙配合所产生的艺术效果。这种配合无法绝对分工，更不能事先规定，完全是靠着夫妻间心灵深处的理解而达到的默契。有一对夫妇发现他们的孩子在父母下班回来时没有任何表示，不懂得体贴父母。对此，他们并没有进行枯燥的说教，而是有意地在一方下班时，另一方大声地热情问候，主动接过提包，拿出拖鞋，倒上一杯热茶……

这种出于爱子之心演出的"艺术小品"，使孩子深受感动，情感和行为马上就有了变化。父母亲密配合进行教育所达到的艺术效果，不只是大大超出单方教育的作用，更值得强调的是这种教育的内容。例如，从小学会如何与异性相处，长大如何理解真正的爱情，将来如何成为优秀的家长，更是孩子在别处所学不到的。

所以我认为，父亲在家庭教育中，不宜用旧眼光过分强调去扮演严父，而应该着眼于现代的需要，和母亲配合，努力营造一个和谐的家庭。在这个家庭中，他将是一个具有高素质、善于在合作中发挥自己特点的角色。

（冉乃彦，北京教育科学研究院副研究员）

学生家庭突然出现变故，怎么办

面对变故，谨防好心办坏事

"特殊孩子"需要"特别的爱"

数年前，我所带班里有个白净内向的小男孩儿，叫阿豪。那年秋季刚开学不久，阿豪的父亲便患肺癌去世了。我听说此事后，打心眼儿里同情这个不幸的孩子。此后不久，学校要求各班登记贫困学生信息，准备给予他们一定的经济补助。我怀着满腔热情，在尚未征求阿豪意见的情况下，便将他家突遭变故一事上报给学校。学校经核实后，阿豪等贫困学生的信息（包括"致贫原因"），很快被公示在学校的宣传橱窗内。

我原以为一块石头终于落地，可没想到，"麻烦"才刚刚开始。

当天下午放学后，阿豪面带沮丧地来到我的办公室。令我不曾料到的是，这个不幸而可爱的孩子，并未对我的良苦用心"不胜感激"，倒更像是向我"兴师问罪"来了。这时我才突然意识到，自己之前的做法是多么莽撞。尽管我向孩子做了很多解释，孩子最终也对我的做法表示了理解，但他的自尊已经受到了伤害，这可是难以挽回的呀！阿豪走后，我越想越觉得自己的做法不妥，必须尽快采取措施弥补。

估摸阿豪还未到家，我赶紧给他母亲拨通了电话。出人意料的是，这位农村妇女虽然没有多少文化，但却是个通情达理之人。她对我的做法表示理解，并真诚地告诉我："两年前阿豪读小学时，学校得知他爸得了肺病，也给了他一些补助。可这孩子天生就是偏脾气，死活不愿接受学校的照顾……"

挂上电话，我不禁反思，如果我事先与孩子沟通一下，听听他的想法，事情可能就不至于变得如此糟糕；或者我提前主动与学校商量，看看是否可以对这种资助方式加以"特殊处理"，比如只进行补助，不公示有关信息，效果是否会更好。

面对家庭突遭变故的孩子，凭着"经验"，我们以往常常只想到给他们更多的物质帮助，却有可能弄巧成拙，在无意中再一次"伤害"孩子。殊不知，此时这些孩子更缺乏的可能并非物质与金钱，而是精神和心理慰藉。这一次的经历让我懂得，原来"特殊孩子"需要"特别的爱"！

（刘向权，安徽省亳州市利辛县利辛中学西校区）

 案例

特殊的呵护，不如……

初次见面，就觉得他是那样与众不同：一个人安安静静坐在教室的角落里，时而盯着教室文化墙发呆，时而侧耳倾听同学们热火朝天地聊着假期趣闻，时而表现得一脸茫然，时而流露出一抹狡黠的笑容……，即便是师生自我介绍环节，他也只是红着脸，结结巴巴地小声说了句"老师好，我是小洺"，就没了下文，这更让我觉得他似乎与这间教室的一切有些格格不入。

小洺到底是个怎样的孩子？出于职业敏感，我觉得有必要更多地了解他。于是，从教过他的老师那里我知道了：四年级时，他在回家路上突遇车祸，致使一条腿严重骨折。后来与他妈妈交谈，我又得知他在家休养的一年中，因不能翻身、侧卧，只能平躺，肉体的疼痛和精神的折磨令他一度崩溃。原本活泼开朗的他，从那时起开始变得孤僻、暴躁。

　　原来如此！车祸！骨折！伤痛！这些常人无法想象的经历，小小年纪的小洺却都曾承受过！如今的他虽然身体基本痊愈，能够重返学校上课，但他内心的创伤又怎能轻易抹去？难怪初次见面时他留给我的印象是如此特别。

　　了解小洺的遭遇后，我不禁感叹他是那样的可怜。我想此时的他应该更需要我们的理解、包容和关爱。于是，他因腿脚不方便，不能上体育课，也不想独自在班里待着时，我就允许他在保证自身安全的情况下独自在校园走走或在操场、体育馆观摩大家上课；他中午打饭不便，我就让同学或科任老师帮忙打好饭放在他桌上，饭后也有热心的同学帮忙收拾。除此之外，他还经常被免于值日，以便放学可以早点儿离开学校……。总之，一向在规则、要求面前对学生非常严格的我，却对他开了绿灯，甚至犯了错误也只是提醒他下不为例。

　　班里同学受到我的影响，对他也是极为理解、宽容。渐渐地，小洺开始与我交流生活、学习上的困惑，他的周围也有了几个同伴。

　　看到小洺的变化，我倍感欣慰，甚至认为对他百般呵护、万般包容的爱终于焐热了他那颗冰冷而孤独的心。直到一天，他用纸飞机打到班里一名女生的眼睛，面对哭泣的"受害人"，他非但不道歉，还振振有词地说对方娇气时，我才意识到，自己对他特别的爱、特殊的照顾其实并没能唤回他的阳光与感动，相反却助长了他的自私与冷漠。

　　我正为此焦虑之时，噩耗传来——小洺父亲因劳累过度突然离世。一年时间，一个11岁的孩子，尚未从自身车祸的阴影走出来，又要承受丧父之痛，他该怎么面对？我又该如何待他？

　　当我再见到小洺时，已经是一周以后了。原本已经愿意和我分享困惑，也能与同伴聊上几句的他，状态不但又回到了相识之初，而且更多了几分安静。据他母亲说，孩子从知道父亲离世到现在从未号啕大哭过，甚至很少见到他伤心落泪，反而总安慰妈妈要坚强。

　　听到小洺妈妈的诉说，我突然感觉这个原本有些自私、冷漠、暴躁的孩子，在经受这次打击后，仿佛一下子长大了、懂事了。他到底是个怎样的孩子？我陷入了深深的困惑之中。我想是时候找他谈谈了。

那天，小洛妈妈因处理爱人的后事，让我转告孩子今天要晚点儿接他。放学后，偌大的教室里只有我们两个人，我便趁机和他聊了起来。我先肯定他在这一年伤痛的折磨中表现得很坚强，又说到他妈妈的不易，还夸他懂事，是个小男子汉，可他却和往常一样不想发表任何意见。就在谈话即将结束时，他突然小声地问了句："老师，我爸爸过世的消息，您没和任何人说过吧？""放心，班里除了我，没人知道！"我答道，"但为什么不希望同学们知道？"他犹豫了一会儿，然后斩钉截铁地说："我不希望别人看不起我！更不希望别人同情我、可怜我！"听了孩子的话，我轻轻拍了拍他的肩膀，内心百感交集。原来他的自尊心如此强烈，性格这样要强！原来这才是真正的他！原来他并不希望我们同情，也不希望我们特殊对待，因为这些会让他成为更特殊的人。

这次谈话，使我重新认识了小洛。从那以后，我不再给予他特殊的关爱，而是要求他根据身体状况和医生建议，开始上体育课，即使有不适合他的运动，也不允许他随意走动，而是由体育老师给他布置适合他的运动项目；鼓励他在班里学会做力所能及的事，并与值日小组一起值日，与同学一起排路队离校……。这样一来，与同学接触、交流的机会多了，孩子们不再特殊照顾他，而能与他平等地交往。这令他倍感轻松。

如今，虽然小洛看上去还是经常"独来独往"，但在班级的各种活动与事务中都能看到他的身影，甚至有时他还能主动与周围的同学谨慎地相处、交谈。即使与同学发生不快，他也能一笑了之。每见此景，我的心里就踏实许多。

（张建娇，北京市海淀区中关村第四小学）

面对变故，须找到心灵密钥

案例

有些爱，不要声张

去年，小赵的母亲突然因病离世。想到这憨厚朴实的孩子才11岁就失去了母亲，我含泪告诉自己：一定要给他更多的关怀，让他尽快从痛苦中走出来。

可出乎我意料的是，小赵请假归来那天，他一推开教室的门，孩子们便齐刷刷地将目光投向他，有关怀，有担心，也有怜悯……。我刚想说些安慰的话，却见他面对大家的目光，异常平静，微微地笑了笑后，便坚定地坐到座位上，好像什么事情都没有发生过一样。我很好奇：这孩子难道真的不觉悲伤？

很快，我找到了答案——虽然他在大家面前表现得若无其事，但仔细观察就会发现，其内心的悲伤无论如何也掩饰不住。我知道了，自尊心很强的他是在努力表现自己的坚强，可这坚强是脆弱的。

于是，我反复思考：怎样才能把这份脆弱的坚强变成真正的坚强？从他的性格及表现来分析，关怀一定是需要的，但又必须是默默的。因为过度关怀很可能摧毁他的坚强，剩下的只有脆弱。所以对他来说，爱是不能声张的。

首先，我根据小赵的特长设计了几项小竞赛活动。虽然他在学习上并不突出，但他写字工整美观，绘画技能也不错，还擅长整理。于是，我组织孩子们进行手抄报展览和学习用品整理展示两项活动。在活动中，他表现突出，两项活动均获得一等奖。站在领奖台上的他，双手都在微微颤抖，让我感受到他那无以言表的激动。我强忍眼角的泪水，自责以前没有给他足够的自信，并在心中默默期待他能借此机会重获自信，以支撑那脆弱的坚强。

人一旦在某方面得到了认可，心中就真的会充满上进的力量。自那以后，小赵整个人都变得精神许多，课堂上愿意表达见解了；别人向他请教手抄报设计和物品整理常识，他会像小行家一样进行指导。我已看到自信在他的心中升腾，并通过言行表现出来了。

其次，我精心策划了班级读书活动。此举是为了坚定小赵的自信，使他认识到，挫折并不只是自己的经历，从而真正地坚强起来。为此，我在书目选择上很用心，最后选定了《草房子》《青铜葵花》《假如给我三天光明》三本书。我期待他在阅读中理解坚强的含义，收获精神上的成长。

读书汇报课上，小赵在谈到《草房子》中纸月被别人欺负的情节时，眼睛湿润了，并很诚恳地感谢大家："纸月没有妈妈的保护，被人欺负；我也没有妈妈的保护，可同学们从来都没有欺负过我……"当时，全班学生的眼睛都红了。也许是小赵的话感动了大家，也许是孩子们在阅读中真的收获了成长。自此，小赵的朋友多了起来，并且大家相处得真诚、友好。他开始剥去伪装的外衣，真实地表现自己的喜怒哀乐。快乐时，他会兴奋地与大家分享；悲伤时，他也会悄悄地向伙伴诉说。

今年开学初，在班干部换届选举中，小赵因勤劳能干被同学们一致推选为班级劳动委员。如今，他不但是我班上一位积极负责的优秀班干部，更是一位在阳光下自信成长的快乐少年。

（赵春梅，吉林省蛟河市庆岭金城小学）

案例

单翼天使更需呵护

班长小剑，学习成绩名列前茅，同学关系很融洽，在班上威信极高；他的父母也都有着各自的事业，一家人生活得其乐融融。可天意弄人，去年寒假，他母亲因患肺癌去世了。听到这个噩耗，我很震惊，他能承受这样的打击吗？我怎样才能使他尽快从悲痛中解脱出来？

开学报到那天，我有意观察小剑：他的神情看似很平静，依旧像往常一样做事，还与同学谈笑风生，似乎看不出刚刚遭遇了家庭变故。但我知道这个失去母爱的孩子，一定是想将伤痛掩藏起来，不愿让人察觉。一次习作中，他的心迹终于忍不住从笔端流出：

世上每个人都是被上帝咬过一口的苹果，上帝在创造他时，多多少少会为命运添上一道阻碍。可我不知道上帝为什么将我咬得这么深，让我在这样小的年纪就失去母亲的疼爱。整整一天，我将自己关在房间里，一口饭没吃、一滴水没喝，像没了灵魂的傀儡人。我趴在窗台上，仰望天空，心早已被悲伤占据，眼眶中浸满了泪水。我真恨不得和母亲一起去天国，共度新生，再做她听话的乖儿子。

读罢，我的内心久久无法平静。我在想，一定要让他勇敢面对现实，重新振作起来。于是，我回复道：

孩子，生老病死是自然界的规律，每个人都要面临母亲离世的痛苦，只不过你面临得比较早。可是你有没有想过，难道妈妈的离开，只有你一个人伤心痛苦吗？想想你的爸爸、姥姥、姥爷，他们不都是与你一样沉浸在失去亲人的悲痛中吗？你若能乐观一些，全家人也会快些走出阴霾。妈妈在天之灵，也希望你和往常一样阳光、乐观、坚强。老师会永远关注你的成长，我也相信你会非常出色。

　　同时，我一遍遍地告诉自己：作为老师，我一定要对他好一些，能帮到他的尽量多帮一点儿。于是，我一有时间就找他聊聊天，问问他的近况，谈谈班级最近发生的事情，与他一起想想解决的办法。我想借此来缓解孩子内心的孤独、苦闷，抚平他内心的伤痕。渐渐地，小剑开始发生了变化，经常主动来找我聊一些自己或班上发生的事；有时面对老师布置的小练笔，他自己拿不准如何构思，也与我在短信中交流，谈谈自己的想法……

　　写文章是引导孩子流露心声的最好途径。在后来的习作中，我逐渐感到了他的改变。在一篇文章中他这样写道：

　　父爱和母爱就像是一个孩子的双翼，拥有双翼的天使会飞得高、飞得远。像我这样的小孩，命运不肯垂怜，竟夺去了我的一只翅膀，让我变成单翼天使。尽管如此，我却有着双翼天使不具备的坚强与独立，我比他们更会面对风雨、征服困难，我会飞得更高更远。即使不能马上就翱翔于蓝天，一览美丽的风景，我也可以通过不断奋斗，用汗水和努力实现这个梦想，向所有人展示我这个单翼天使的风采。

　　在我们身边，肯定还有一些像小剑这样的"单翼天使"。我想，只有找到通往他们心灵的正确途径，发现他们真正的心灵密码，就能打开他们的心灵之窗，使之接受阳光的普照，从而健康成长。

（苗惠英，甘肃省兰州市安宁区十里店小学）

案例

让眼泪飞一会儿

小淇父亲因车祸不幸离世，在请了几天假后，她重新回归校园。从表面看，她仍像以往那样波澜不惊，只是脸上的笑容不见了，多了几分落寞。此时，我不知该如何安慰她，只是在心里决定：一定要好好关照小淇！

为排解小淇的压力和悲伤，我从她的兴趣、爱好入手。我知道她喜欢看书，就从学校图书室借了很多书放在教室里，让大家轮流借阅，优先让她挑选，希望图书能让她暂时放下内心的伤痛。课下，我安排她的好朋友和她一起玩儿，一起聊些开心的话题，一起跳绳、踢毽子；课上，我更是有意提问她回答问题，以免她分心，总想那伤心难过的事。虽然我想尽办法帮助她，但似乎没有取得多少成效。

正在我一筹莫展时，恰好看到了学校心理辅导室的预约登记本，于是我有了主意——何不让小淇也来这里宣泄一下呢？可事情既要做得不露痕迹，还要让她心甘情愿，这需要好好谋划一番。于是，我找来小淇的几位好朋友，让她们私下约小淇一起来心理辅导室。

事情进展得很顺利，小淇终于走进了心理辅导室。我热情友好地对她说："小淇，欢迎你来到温馨小屋，快请坐！老师为能帮助你而感到高兴，希望你能说出自己的困惑。"她犹豫片刻，便向我倾诉起来。可才聊了几句，她的眼泪就忍不住地流出来，但她竭尽全力强忍着，以至于凝噎得说不出话来。我上前一把抱住她，抚摩着她的头，嘴里不停地安慰着："没关系，一切都会过去的，想哭就大声地哭出来吧！老师理解你的苦衷！"

听到我这番话，她的眼泪更像决堤的洪水一般不停地涌出来。我一边搂着她，一边给她递纸巾。大约过了五分钟，她开始无声地抽噎起来，我便放开手，坐在椅子上。又过了一会儿，她停止了抽噎，继而不好意思地看着我。我送给她一个微笑，她的情绪逐渐变得稳定起来。我们继续刚才的谈话，她表示自己很思念父亲，因为胡思乱想而耽误了学习，总觉得对不起母亲，有一种负罪感；母亲工作总是很忙，几乎没有时间陪她；她想养一条小狗，可妈妈不同意……

我告诉她："要学会适当放松自己，不要对自己要求太严格，不要有太多的顾虑，还要学会多和妈妈交流。你是个很优秀的孩子，一切都会好起来的，老师相信你一定能处理好自己的事情。"

这以后，小淇有什么事情都愿意约我到心理辅导室进行倾诉。慢慢地，她的脸上露出了微笑，变得和以前一样快乐、优秀。

（徐莲香，甘肃省酒泉市南苑小学）

做一名静默的陪伴者

小凯，性格开朗，为人热情，虽然父母离异，跟着母亲生活，可他的脸上总是挂着笑容。我喜欢这样的小凯，平日对他关心较多，我们的关系还不错。

可八年级开学没多久，他却突然逆反起来——不做作业，上课跟老师顶嘴，下课到处惹事。我找他谈话，可他只是狠狠地丢下一句："你不要管我！没有你的约束，我可以过得更好！"

那一刻，我非常生气，真想丢下他不管。可静下心来一想，一定是发生了什么事情。既然他不理我，那我就在聊天本里跟他"说说话"吧！于是，我每天在聊天本里跟他分享我的喜怒哀乐、生活琐事、所思所想。虽然他从不回复，但却每天上交聊天本。我想，能交就是好事，尽管他不开口，但起码说明他还愿意接受我的引导。

我就这样一厢情愿地"单聊"半个月后，他终于肯跟我"聊天"了，而且一聊就是整整3页纸。原来，他母亲找到了新的归宿，他感觉自己连最后那份残缺的母爱都要失去了。他在信中写道："老师，我知道您一直都很关心我，其实我早就把您当成了哥哥。我知道有些话我说得很过分，但我确实没法接受家里又一次的变化。您为我做不了什么，因为那是我的家庭、我的父母，您与我都无法左右他们。如果您真要为我做些什么的话，就请静静地陪着我吧！跟我聊聊天，说说笑笑，把您的故事说给我听，我喜欢听。我不需要其他特别的照顾，更不需要您的同情。我正在学着长大，有您牵引着我、陪伴着我就足够了……"

是啊，作为老师，我们又能做什么呢？我们无法改变他的家庭，无法改变他需要面对的现实，也无法替他遮风挡雨，他需要自己去走每一步路。但是，我们可以静静地陪着他一起向前走！

（沈磊，南京师范大学附属中学新城初中）

面对变故，家庭调节必不可少

一记温柔的耳光

小浩已经连续三天出现异常：课上目光呆滞，精神恍惚；课下无精打采，不苟言笑。为了解情况，我拨通了小浩父亲的电话，小浩父亲很无奈地告诉我，是他和小浩妈妈的离婚导致了孩子的不良情绪。

"离婚也要协商好孩子的问题，尽量减少对孩子的伤害啊！"我很着急地说。

"张老师，小浩妈妈争取到了孩子的抚养权，可她不但对孩子说我的坏话，还坚决不让我见孩子，我只能偷偷在孩子上学、放学时和孩子见面……"电话那端，传来了小浩父亲深深的叹息。

思考良久，我拨通了小浩妈妈的电话，开始她还心平气和，可当我谈到让小浩与爸爸见面以减少对孩子的伤害时，小浩妈妈像火山一样爆发了："张老师，那个人十恶不赦，我们的离婚是他一手造成的，他还有脸见孩子？休想！请您不要在我面前提他了！"随后，小浩妈妈很不客气地挂断了电话。

我愣了半天才缓过神来，与家长沟通交流无济于事，而小浩的郁郁寡欢、日渐憔悴，又着实让我心疼。我该怎么办？

夜深人静，我仔细回味小浩妈妈的话，希望从中寻找到解决问题的蛛丝马迹。看来，对前夫的极度愤怒几乎使她失去理智，她的愤怒无法释放，只能通过限制小浩父子见面以惩罚前夫。目前，小浩妈妈的整个世界都是对小浩爸爸的憎恨，没有了自我，更忽略了小浩的感受！

经过反复斟酌，我决定给小浩妈妈一记温柔的耳光。

周五是家长开放日，我邀请小浩妈妈到校听课，为避免她怀疑我的动机，我还邀请了班长大海的妈妈。中午，两位妈妈向我反馈了她们听课的情况以及小浩、大海课上课下的表现，大海妈妈兴致勃勃、滔滔不绝，小浩妈妈则遮遮掩掩、欲言又止。之后，我送走大海妈妈，留下小浩妈妈。还没等我开口，小浩妈妈就迫不及待地说："张老师，小浩原来不是这样子的啊……"话没说完，小浩妈妈泪已成行。

我拍了拍小浩妈妈的肩膀，提醒她："这一周，小浩像变了一个人，精神萎靡，人也迅速憔悴，我很心疼。作为班主任，我希望我们班的每一个孩子都快快乐乐、朝气蓬勃，所以才联系了小浩爸爸，也许是我太唐突，导致我们俩沟通不畅，希望你能谅解。你深爱着小浩，可是真正的爱，应该给孩子带来快乐和幸福。你觉得小浩现在幸福吗？"

小浩妈妈摇摇头。

"小浩妈妈，你难道不希望儿子快乐和幸福吗？"我试图引导小浩妈妈走出充满愤怒的状态，回归到一个安详慈爱的母亲。

"张老师，我争取到小浩的抚养权，就是要让他快乐和幸福啊！"小浩妈妈又呜呜地哭起来。

"可小浩并不快乐和幸福啊！"我提醒她。

"张老师，我要小浩快乐和幸福，求你帮帮我！"小浩妈妈着急地抓住了我的手。

我给小浩妈妈倒了一杯水，说："我请你到学校，就是想通过我们家校配合，尽快改变小浩目前的不良状态啊！"

"张老师，我一定配合！"小浩妈妈迫切地说。

见时机已到，我开门见山："小浩妈妈，离婚对未成年的孩子伤害很大，作为当事人，你都难以摆脱不良情绪，何况心理承受能力很低的年幼孩子。限制小浩和爸爸见面，这无疑是在小浩的伤口撒盐，会使他更加受伤！既然已经离婚，就要整理好自己的情绪，抛开以前的恩恩怨怨，共同协商小浩的教育问题。离婚已经使孩子失去了完整的家庭，不要再让孩子失去父母双方的爱！你们要使小浩感受到尽管爸爸妈妈离婚了，但双方依然都深爱着他，爸爸随时会在小浩需要的时候出现，给小浩一种安全感。父亲的角色，谁都代替不了。你既然争取到了小浩的抚养权，就有责任创造一切条件，让小浩像从前一样快乐和幸福！"

小浩妈妈若有所思地点了点头："张老师，谢谢你！我确实需要反思自己，相信我！"

"相信你，不然我不会请你到学校，加油！孩子的笑，对我们很重要！"

教育生涯中，经常会遇到沉溺错误而不知错在何处的令人棘手的家长，当开诚布公的交流失败时，不妨给家长一记温柔的耳光。

（张慧琴，山东省淄博市临淄区实验中学）

孩子别怕，我来帮你

我班鹏鹏的家长前不久离了婚，鹏鹏判给父亲抚养，平时由奶奶照顾，只有周日跟妈妈生活一天。

一个周五上午，我正在上课。鹏鹏突然抓起书包，气呼呼地往外走。我急忙追出教室，拉住他问："鹏鹏，你干什么去？"他猛地把我推倒，声嘶力竭地大声喊着："我要找我妈！我要找我妈！"接着，他把书包顺着三楼窗户扔了下去，并发疯般地冲下楼。我来不及多想，把我班学生托付给邻班老师后，急忙追下楼。

等我追到楼下，只见鹏鹏犹如一头发怒的狮子，在挣脱一位身强体壮的男体育老师后，翻过学校围栏，登上一辆停在路边的公交车。待我们追出校门时，公交车已经走远了。我赶紧给鹏鹏妈妈通报了情况，请她见到孩子后立刻给我回话。半个多小时后，家长打来电话说孩子已安全到达，我这才长长地舒了一口气。

事后，我与鹏鹏谈话得知，因为奶奶的阻拦，他已经连着两个周日没有见到妈妈了。孩子苦苦等待，满心希望这个周日能见到妈妈，谁知早晨吃饭时奶奶又说这个周末要带他出远门。在鹏鹏表明要去见妈妈后，仍被奶奶一口回绝。于是，鹏鹏被压制的情绪瞬间爆发出来，才导致上述事情的发生。鹏鹏还告诉我："因为是妈妈主动提出离婚的，所以奶奶对妈妈一直心存怨恨，总是找各种借口阻止我和妈妈见面，目的就是要报复妈妈。奶奶还经常在我面前说妈妈的坏话，挑拨我和妈妈的关系，妈妈也如此对待奶奶。我知道她们都很爱我，但听到她们说对方的坏话我就很反感，可是我又没有能力解决。"看着鹏鹏痛苦无助的眼神，我心疼地握住他的双手，说："孩子别怕，我来帮你！"

经过慎重考虑，我最终制定了"三步走"的实施方案。

第一步：家访先行

为了更加翔实地了解鹏鹏家的情况，我对鹏鹏的奶奶和妈妈分别进行了家访。她们的言谈举止进一步印证了鹏鹏的说法，反映出她们在孩子教育方面的错误认识。但同时我也真切地感受到，虽然她们在很多方面水火不容，但有一点是相同的——都希望鹏鹏健康成长，好好学习。有了这个基础，我就有信心把她们召集在一起心平气和地商谈孩子的教育问题。

第二步：达成共识

在与鹏鹏的奶奶和妈妈深入沟通后，我搜集并打印了一些关于离婚家庭子女教育问题，特别是针对她们这种情况的文章给她们阅读，以期她们在教育的方式、方法、细节和注意事项上达成共识，为我邀请她们面谈和解做好铺垫工作。

第三步：面谈和解

在做了大量前期铺垫后，我把她们请到我的办公室进行商谈。首先，我肯定了她们给予鹏鹏无微不至的爱和辛勤的付出。其次，我真实客观地向他们陈述了鹏鹏在父母离婚前后的行为表现和学习表现，并重点强调了孩子所凸显出来的一些问题。再次，我明确指出她们在对待鹏鹏的做法上的错误及危害性，特别强调："因父母离异导致家庭破裂的后果，已经让鹏鹏的心灵受到了严重创伤。你们还拿孩子作为泄愤工具，在孩子面前中伤他所深爱的人，使孩子每天都活在仇恨里。你们这种做法是想让孩子心灵的伤口撕裂得更长更深吗？"

这时，鹏鹏妈妈失声痛哭起来，鹏鹏奶奶的眼圈也红了。她们都表示以前的做法太傻了，只顾着自己发泄，没有考虑孩子的感受。在读了我推荐的文章后，她们都学到了很多东西，并表示今后不会再这样了！此时，她们看对方的眼神不再充满敌意。鹏鹏妈妈对鹏鹏奶奶说："妈，以后有事咱们商量着来。"鹏鹏奶奶含泪点头。

最后，我告诉她们："如果在鹏鹏的问题上有意见不一致的时候，可以告诉我，也许我能帮着出出主意。"

这次商谈之后，鹏鹏再没有发生过类似事情，并且逐渐变得阳光开朗、活泼自信起来。从他灿烂的笑容里，我能感受到家长为孩子所做出的改变。

（苏朝丽，河北省邢台市第二十七中学）

面对变故，同伴力量不可小觑

风中奔跑的"卡罗纳"

周一早晨，在升完旗回教室的途中，学生小桐悄悄地告诉我："小硕的母亲上周五晚上去世了。"

小硕，一个安静乖巧的小女孩。我无法想象，一个年仅 10 岁的孩子失去挚爱的母亲后内心是怎样的痛楚！这时，我想起了上学期学过的一篇课文《卡罗纳》，这是选自亚米契斯《爱的教育》里的一篇文章，讲述的是小男孩卡罗纳遭遇失去母亲的巨大不幸后，第一天来上学时，身边的人是如何真诚地理解他、热情地安慰他、默默地关爱他的。

我想，我知道能为小硕做些什么了！

春风柔和地吹拂在脸上，操场上满是孩子们奔跑的身影，到处都能听到欢声笑语和此起彼伏的加油声——学校正在举行一年一度的春季运动会。此时，孩子们也都听说了小硕的事情，在比赛的间隙，他们都聚集在我身边感叹："老师，小硕太可怜了！"只见一张张稚嫩的脸上写满了同情和悲伤。

"孩子们，还记得上学期我们学过的《卡罗纳》这篇课文吗？"我问道。

"记得,记得!"孩子们不约而同地说。

"卡罗纳失去母亲后,他的老师、同学以及同学家长都给予了他关爱和理解。现在,小硕就是我们班真实的'卡罗纳'。你们知道该怎么做吗?"

"放心吧,老师,我们会做好的。"

第二天,运动会依然紧张地进行着。小硕由父亲牵着手来到我面前——苍白的小脸,红肿的眼睛,低垂的头像霜打的茄子。我竟一时语塞,不知怎样安慰她,只好伸出手一把将她揽到怀里,泪水不由自主地滑落。

整整一上午,在我们师生小心翼翼的安慰中,小硕还是像一只孤独无助的小羔羊,眼神彷徨,止不住地流泪。孩子内心压抑了太多她这个年龄所承受不了的悲痛,需要找个机会让她发泄出来。

下午,有一场女子八百米的田径赛。在征求了参赛同学的意见后,我临时换成了小硕,并告诉她:"孩子,奔跑吧!把心中的委屈发泄出来!跑起来,春风吹在脸上,就像妈妈的手在抚摸着你。"

比赛开始了,跑道上的小硕俨然换了个人。风吹顺了她原本凌乱的头发,泪水虽然还在脸庞上流淌,但是她的步伐迈得坚定,奔跑的速度很快。同学们集体为她加油呐喊:"小硕,加油!小硕,加油!"有几个学生甚至不顾比赛规则,跑到赛场内侧跟随着小硕,边跑边喊。一圈、两圈,操场上留下了小硕自由奔跑的身影。最后一圈时,更多的学生加入助跑的行列。我没有去阻止,因为再没有比这更好的方法去化解她内心的胆怯和痛苦!再没有比这更感人的画面!心,在澎湃;爱,在奔跑!

比赛结束了,大家簇拥着小硕回来。那张苍白的脸变得红通通的,春风早已吹干了脸上的泪水,那眼神也不再灰暗,还有了一丝生机。我又一次拥抱了她,还把运动会上抓拍的她的照片通过微信发给她父亲。家长满是感激地说:"自从参加了那场比赛,孩子坚强了好多。感谢您的用心良苦!"

"卡罗纳",以后的路还很长,愿你永远不要失去在风中奔跑的勇气!我愿牵着你的手,和你一起奔跑!

(景芸霞,山东省临邑师范附属小学)

专家视点

通过生活事件教育人

    小梅是一所重点高中实验班的学生，班主任是所谓的有经验且极其负责的老师。高二下学期临近期末，小梅的母亲突发疾病住院。她父亲去学校请假，想让小梅去医院看看母亲，然而班主任没有同意，并劝说小梅父亲为了孩子好，不要告诉她，以免影响她的学习和考试。小梅父亲遵从了班主任的建议。可不幸的是，小梅母亲在她考试期间竟撒手人寰！对此一无所知的小梅，考试结束后回到家中，见家中无人，便打开电视放松一下，因为节目有趣，她在沙发上笑得前仰后合。此时奶奶恰好回家取东西，看到如此场景，气愤地说："你真是没良心的东西！你妈都死了，你还这么开心！"奶奶的指责犹如晴天霹雳，蒙了的小梅跟着奶奶赶去殡仪馆，却没能见上母亲最后一面！抱着母亲的骨灰盒，小梅的内心充满了愧疚、悔恨、难过、遗憾……。虽然小梅如她母亲所愿考上了大学，但她对母亲的愧疚，为自己作为女儿不能最后尽孝的那种复杂的情愫却随着岁月的流逝而更加强烈。小梅始终不能原谅自己，负疚感一直伴随着她。

    这是一位班主任面对突发事件处理失当的案例，这个案例能给我们怎样的警示？

 班主任要摒弃塑造"知识人"的观念意识

"知识人"是把人视为一种"认识着的东西而存在的，人的第一的使命

就是向他之外的客观世界索取种种知识"①，人的存在的主要功能和价值就是获取知识，除知识之外别无其他。

学校教育的基本功能是培养有知识的人，这一功能也是学校存在的本质规定性。教师传授知识、学生学习知识也是学校生活的主要内容，但现在的问题是"在学校教育的视界中，知识被看成是人的唯一规定性和人之本质"②。在一些教师的意识中，学生的存在是以他所取得的成绩来确认其价值的，成绩的好坏成为评判学生优劣的依据。学生被要求与生活的世界隔绝，完全沉浸在知识甚至是书本知识的学习中。案例中的班主任正是这样，在他的意识中，学生的学习、考试和成绩是第一位的，其他都不重要，都可以不予理会。班主任把学生置于一个封闭、单一、简单的环境中，"两耳不闻窗外事，一心只读圣贤书"。如此培养的学生，就如同法国人文主义思想家、教育家拉伯雷在他的不朽著作《巨人传》中所塑造的接受经院主义教育的主人公高康大。高康大的父亲请了经院主义学者教他学习，他每天从早到晚读书、吃饭、上教堂做弥撒、睡觉。高康大花了几十年时间读了很多书，结果却变成了一个"疯疯傻傻、呆头呆脑、昏昏沉沉、糊里糊涂"的废人。遗憾的是，我们的很多学生正在接受这种经院式的教育，教师按照预成的模式塑造他们。在这个过程中，学生的主体性被完全抹杀，他们被安排做别人认为应该做的事情，他们作为人所应有的独立性、选择权都被剥夺了。在这种情况下，学生不是作为人而存在的，而是作为学习知识的机器而存在的。

事实上，正如马克思对人所下的定义："人是一切社会关系的总和。"学生是人，他们不仅是知识人，更是社会人，在社会生活中也有自己应该承担的社会角色。学生不是单一的存在，而是一种网络化的存在。这种网络化存在使得个体成为社会多元关系的一个节点。这个节点要与周围的世界产生联系、交往、互动，因此学生个体不可能孤悬在环境之外。环境里

---

① 鲁洁. 一个值得反思的教育信条：塑造知识人 [J]. 教育研究，2004（6）：3.
② 同①：3.

的任何事件对学生而言都是有意义的，在学校的学习是知识的学习，学校之外的生活经验也需要学习。学生作为一个社会人，他的社会角色也是多重的，在家庭中是孩子，在班级中是其他学生的同伴等。虽然学生尚未成年，但这不意味着他可以逃避社会责任。在这个案例中，小梅就应该有对她母亲嘘寒问暖和关心的责任。剥夺小梅尽责，其实也就剥夺了其作为人存在的价值。而且学生的角色对于一个人的人生而言是一种过渡角色，人通过学生这一角色获取未来承担诸多社会角色的知识和能力。因此，学生不仅要从外部吸纳知识，同时还需要通过经历、实践、参与社会活动，建构属于自身的知识体系。知识不是单一的，也是多元和丰富的。如果人类个体只获得单一的书本知识，将无法适应丰富、复杂、多元的社会生活。

塑造"知识人"的最大弊端是把学生与社会生活隔绝开，让学生成为不知生活本质和人生苦痛的麻木的人。陶行知先生在八十多年前就痛批"读死书，死读书，读书死"的教育现实，提出从书本到生活，从学校到社会的"生活教育"。他指出"生活教育"就是要从整个生活出发，过整个生活，受整个的教育。陶行知提出的生活教育就是让学生投入社会生活，去感受生活的各个方面，不仅享受生活的美好快乐，也体会生活的痛苦烦恼，让学生真实地经历生活，自己去建构对生活的认识和理解，从而形成自己对生活的态度，形成自己的世界观、价值观。在这个案例中，班主任不让学生知道母亲生病似乎是为了学生好，但其实是剥夺了小梅感知生活、体验生活的机会。班主任试图把学生封闭起来，远离生活，这恰恰违背了教育的本意。教育的本意之一就是帮助儿童社会化。社会化就是让儿童学会生活，在真实的生活中开发其智慧和道德，让人成为他自身希望长成的样子，而不是成年人刻意形塑的结果。

塑造"知识人"是功利主义教育观的体现，持有这一观念，会把教师变成冷漠的局外人，从而丧失教育者应有的热忱、敏感、细腻与温情。没有温度的教师培养不出有温度的人。这也是鲁洁先生反对塑造"知识人"的原因所在。

班主任要学会关心人

在当下的教育实践中，很多班主任都认为自己是关心学生的，就像本文前面的案例，这位班主任也一定认为他对小梅隐瞒母亲的病情完全是出于对学生的关心，但是学生却丝毫感觉不到关心，反而感受到的是伤害，这是为什么呢？

什么是关心？德国哲学家马丁·海德格尔将关心描述为人类的一种存在形式。他认为，关心既是人对其他生命所表现的同情态度，也是人在做任何事情时严肃的考虑。关心是最深刻的渴望，关心是一瞬间的怜悯，关心是人世间所有的担心、忧患和苦痛。我们每时每刻都生活在关心之中，它是生命最真实的存在。内尔·诺丁斯认为关心是一种关系，它最基本的表现形式是两个人之间的一种连接或接触。两个人中，一方付出关心，另一方接受关心。要使这种关系成为一种关心关系，当事人双方都必须满足某些条件。

首先，教师对学生的关心是建立在对学生尊重的基础上。人本主义心理学家马斯洛认为，人对爱和尊重的需要和对真理的需要完全一样，是"神圣的"。但是在当下中国的文化语境中，儿童不被认为是独立的生命个体而应受到尊重，他们处于被支配的地位，处处被父母、教师安排、支配、控制。在上述案例中，班主任采取原始统治者的态度，傲慢地认为他可以对学生的一切负责，所以学生的存在根本不在教师的视野中。班主任和家长越过小梅，替小梅做决定、做选择，这种替代其实就是对学生的不尊重。这样完全无视小梅的粗暴决定，不仅不会让小梅感受到班主任和家长的关心，相反，她感受更多的可能是伤害。尊重学生还体现在维护儿童的权利上面。联合国《儿童权利公约》第十二条明确规定：确保有主见能力的儿童有权对影响到其本人的一切事项自由发表自己的意见，对儿童的意见应按照其年龄和成熟程度给以适当的看待。在这个案例中，小梅的意见表达权也被剥夺了。

其次，教师对学生的关心体现在对学生的信任上。信任是一种道德力量，它能够使人变得更好。相信儿童，就是赋予儿童自由，让儿童获得选择的权利。教师应对学生有信心，因为趋利避害是最基本的人性。教师要做的事情不是怀疑学生的选择能力和对事情的判断能力，而是帮助学生分析不同的选择可能会导致的不同结果，让学生学会对自己选择的结果负责。帮助学生勇于面对人生的难题，懂得体面地应对人生的挑战，让学生有尊严地生活，是班主任对学生最深刻的关心。

再次，教师对学生的关心体现在对学生正当合理的需要的及时满足上。如果教师真正关心学生，他就会认真地倾听、观察、感受学生，愿意接受学生的任何信息，了解学生的需要，并对需要的合理性做出判断，然后决定是否予以满足。在上述案例中，小梅去探视生病的母亲，应该是作为人的正常需要，因为人不仅需要得到关心和爱，也需要付出关心和爱。可是班主任在强大的升学压力下，眼中只有考试、分数，而把学生当作考试的机器。在这里，教师不在意小梅的情感是否得到满足，而更在乎成绩。说到底，教师在乎的是他自己，而不是学生的心理感受。内尔·诺丁斯认为活着的人永远比理论更重要。对于当下我国的教师而言，人应该比考试重要。教师应该关心学生的学业成绩，但只关心学业成绩而忽略了学生人格、情感、道德的发展，这样的关心势必沦为空洞。

三 班主任应具有同理心和谦卑的品质

1. 班主任应具有同理心

在这个案例中，班主任处理失当还反映出其在工作中缺乏同理心。同理心，就是进入并了解他人的内心世界，并将这种了解传达给他人的一种技术与能力。同理心又叫作换位思考、神入、共情，即在人际交往过程中，能够体会他人的情绪和想法、理解他人的立场和感受，并站在他人的角度思考和处理问题。对于教师来说，具有同理心不仅是一种技术、一种能力，更是一种职业修养。同理心分为两个层次：

　　一是能换位思考，即能站在他人的角度去感受和体验他人所感知体验到的环境、事件、情感、情绪。人们对不同的事情会有不同的认知、感受和体验，即便是对同一件事情，由于人们所受到的教育、人生经历、所处的社会地位不同，也会有不同的认知体验和感受。所以班主任要学会站在学生的视角和位置去感知、体会周遭的世界，这样才可以理解学生为什么会有这样的想法、体验。

　　二是能推己及人，即中国儒家伦理所推崇的"恕道"，"己所不欲，勿施于人"，"己欲立而立人，己欲达而达人"。当学生遇到问题时，班主任要反问自己，如果是我，我会有怎样的感受、怎样的体验？我会希望别人如何待我？所谓人同此心，将心比心。只有这样，才不会生硬粗暴地对待学生，才会对学生有深刻的理解。班主任以对待自己的方式对待学生，就是一种教育慈悲。

2. 班主任应有谦卑的品质

　　老子在《道德经》中反复强调优秀的品质是处下、柔弱、不争。谦卑是内在的强大，外在的柔弱。谦卑不是低三下四，毫无原则地迁就，相反，谦卑是使自己的内心变得柔软，富有同情心，同时也不放弃原则。作为成年人，教师在身体、知识、阅历等方面都优于儿童，这样就特别容易让教师产生优越感，优越感会刺激产生支配和控制的欲望。当这样的欲望不被教师体察而变成实际的行为时，就可能导致教师的傲慢和无礼。傲慢和无礼弥漫在教育过程中，对学生的伤害就会不可避免地产生。老子认为："反者道之动，弱者道之用。"作为强势的教师不显示其锋芒，而是以弱势与学生交往，才会让学生亲其师，信其道。谦卑是有违人的自然属性的，所以是一种修养。

　　最后，假如我是那名班主任我会怎么做？听闻此消息，我首先要表达自己听到小梅母亲生病的心情，然后找来小梅，让其父亲告诉小梅母亲的情况，并且表明态度。小梅的任何决定我都会支持，由小梅自己决定是否去探望母亲。后来小梅的母亲去世，作为班主任，我也应及时获得信息，并宽解安慰处在痛苦中的小梅，而不能听之任之，不做事后的处理。

（王宁，南京师范大学教育科学学院讲师）

10

家长总是干涉班主任工作，
怎么办

把家长请进来

让家长成为班级新成员

记得小涵刚入学时,她妈妈就打来电话提醒我:担心同学们嘲笑她孩子胖,要我注意孩子的学习和学校生活状态;孩子不喜欢读书,希望我每天提问她,夸奖她读书认真……。后来,她妈妈甚至在教室外等我下课,见到我就询问小涵的所有事情。

新学年开始,我准备重新排座位,晚上小涵的妈妈又打来电话:"老师,涵涵的视力不是很好,能不能往前坐点儿;她性格内向,能不能给派个外向性格的同桌。"我非常理解她那颗爱女之心,可作为班主任,我需要面向全体学生,从班级整体工作出发去考虑问题,而她的一些要求,已干扰了我的正常工作。怎么办?正巧这段时间我们班建立家长委员会,我便趁机邀请小涵妈妈参与进来。

要改选班干部了,小涵妈妈又提出要求:"让我的孩子当吧,她独立性强,锻炼锻炼。""我们公平竞争吧!"我笑着说。于是,改选班会上我特意把家长委员会成员请来当评委,孩子们通过演讲进行竞选。演讲过程中,孩子们虽然很紧张,但因有家长参与也很激动,都尽力展现出最好状态。小涵的竞选稿写得很不错,但透着与年龄不符的成熟,看得出是她妈妈下了一番功夫。

小涵妈妈坐在评委席中,不时和周围的人说着什么。选举结果由学生投票和我与家长委员会委员的评分共同决定。结果出来，小涵落选了，这个"温室中的花朵"当时就哭出了声，因为在妈妈的庇护下，她没有经历过失败。小涵妈妈见状大声说："不可能，不是说好选涵涵的吗？"坐在旁边的家长说："我们家长委员会参与，就是要保证选举的公平、公正，你这样为孩子拉票，孩子永远学不会独立。"小涵的妈妈很尴尬。我接着说："班级有自己的规章制度，在教育孩子上，我们要尊重他们的身心发展规律，不要越俎代庖。以后我们会努力使班级事务透明，各项工作全员参与，根据孩子们的能力去安排各种任务。"在大家的解释与开导下，小涵的妈妈平静下来，说："老师，我一直以为让孩子一帆风顺地成长，才是对她的帮助，看来我确实太心急了。"听了她的话，我知道她的认识已经开始有所转变了。参与班级选举后，小涵妈妈真的变了，虽然有时还是忍不住来到学校，但也只是远远地看着自己的孩子，对我和班级工作提出过分要求的次数也少了。

后来，我们又举行了一系列活动，每次都邀请家长委员会成员参加。举行亲子运动会，他们既是裁判又是运动员，分享胜利喜悦的同时也见证了孩子们的成长；诗朗诵比赛，他们走进教室，既是评审团又是亲友团，为孩子们加油助威；举行"励志游"活动，他们是班级的主力军，从策划到实施亲力亲为，让孩子们感受到另一番天地……。家长委员会全方位地见证了班级工作、参与了学校活动，并且在这个过程中，家长们有规则可依，有实况可见。家长委员会委员这一新的班级成员，在为班级注入了无限活力的同时也成了我最可靠的同盟军。

（邢媛媛，山东省临邑师范附属小学）

案例

巧编《家长指南》，变"干预"为"参与"

随着高知家长和全职家长人数的大幅增加，越来越多的家长在全方位地关注着孩子和孩子所在班级的发展动态，自然地，在一定程度上也出现了干涉、干预班主任工作的情况。这是新时期班主任工作的一个新难题，让人有些困扰，但不是无从解决。

家长想要关心和参与孩子成长，却又不知道如何关心、怎样参与；学校教育基本以教师实施为主，即便开展多种亲子活动或让家长参与活动，但大体上还是按照学校思路走的，家长们很少有机会能自由表达。这是造成家长不合理参与的主要原因。因为参与方式不合理，也就造成目前一些家长总是干涉班主任工作的局面了。

想要改变其"干涉"行为，就要引导其"参与"行为。在工作中，我通过每月印发一份《家长指南》来达到为家长提供平台，使之参与班级管理、参与孩子成长的目的。

《家长指南》每月一份，发放时间是在每月月末。比如，12月25日左右发放1月份的指南，这样便于在开展下月工作前告知家长工作计划，收集家长意见，并与家长交流、沟通。指南上的内容固定为三个板块："孩子的成长""我们的工作""家长们的金点子"。

"孩子的成长"是一些成长经验类的介绍。比如，春天时，我会推出青春期身心变化特点的文章；考试前后，我会推出考试心理和减压类的文章；与孩子相关的节假日，我会送上祝福语；每到初二阶段，我会系统介绍所谓的"初二现象"……。这个小板块尽可能从科学和专业的角度向家长们传递孩子们的成长信息。告诉家长，他们的孩子在这个阶段可能会出现哪些问题，为什么会出现这些问题；指导家长可以做些什么，怎样帮助孩子平稳度过这些成长点。科学的文字介绍，能够让家长更懂得儿童成长的生理特点和心理特点。当家长的眼光不局限于自己孩子身上时，就不会因为孩子一时的成长问题而"上纲上线"，把矛头指向班主任的工作。

"我们的工作"主要是向家长介绍在即将开始的一个月中，会有哪些重大活动和工作安排，比如艺术节、运动会、春秋游、亲子活动、外出参观、社会实践、期末考试等。将工作告知家长，一方面保证信息互通，信息一旦畅通，干涉就会少一些、合作便会多一些；另一方面也为整合家校资源提前做铺垫，为家长们参与活动提供了机会。

"家长们的金点子"这个板块留给家长们填写上交。这样，我就能提前了解到家长们对班级工作的意见和建议，也可以根据家长资源，在开展相关活动时提前与之联系，提供家长们表达、组织和参与的机会，进一步减少干预、促进参与。

班级层面发放的《家长指南》不宜贪多求全，不然就成了班主任工作中的一个负担。小小的一面A4纸，三个板块的设计，既可使班主任从专业角度指导家长科学有效地面对孩子出现的问题，又为家长们提供了合理表达、积极参与的平台。

家长们有了表达、参与的机会，谁还会处处找碴儿，总干涉班主任的工作呢？变"干预"为"参与"，是改变家长干涉班主任工作的一条途径。大家不妨试试。

（沈磊，南京师范大学附属中学新城初中）

把工作秀出来

案例

事实是最棒的"纵横家"

我们学校所在的村庄中有一个独居的老奶奶，她的小房子就在孩子们上学的路旁。有一次，几个女生当趣事一样告诉我，老奶奶还卖鸡蛋呢。我觉得这里有一定的教育价值，便建议她们慢慢走近老奶奶，争取给老人一些力所能及的帮助。孩子们很兴奋地答应了。虽然一开始老奶奶不适应、不太接受，但在孩子们的不断努力下，老人慢慢接纳她们了。放寒假时，我特意把本村的几个班干部找来，让他们组织一下本村同学，过年的时候到老人那里拜访一下。孩子们答应了。

新学期开学后，我询问这件事。有两个女生很为难地告诉我家长不让去，并强调家长说"自己还顾不过来，哪有工夫管别人"。我虽然有点生气，但觉得最好还是要想办法让家长自己改变想法。

第二天，我把去了老奶奶家的十几个学生叫到办公室，让他们把过春节给老奶奶拜年的事写一写，办一期"泥土之歌"（班报）特刊，并把作文全部刊登上去。

孩子们交来的作文很精彩，连平日写作文最头疼的学生也能把事情的经过写清楚。经过修改，我为他们办了一期特别的班报，并把其中最好的一篇改了再改，投给了《快乐作文》。新学期召开第一次家长会时，我给每位家长发了一份这期的班报，请那个写得最好的学生朗读了自己的作文。

当学生读到"老奶奶张着没牙的嘴，笑着看着我说：'你唱的是什么，挺好听的。'"时，学生模仿了老奶奶说话的腔调和动作，引得所有家长大笑起来。我请家长们谈谈对孩子们做这件事的看法，大家纷纷赞扬孩子们的敬老行为。我趁机阐述了自己的观点，向家长强调生活实践的重要性。我并没有对干涉这次活动的家长再说什么，但我发现他们有点儿坐不住了。

在本学期将要结束的一天，我惊喜地发现《"春节联欢"在老奶奶家上演》（我为学生修改的那篇习作）在《快乐作文》上发表了。后来，据本村的老师说，全村人都在谈论学生的这篇习作和习作后面的故事，这当中也包括反对孩子到老奶奶家去的那两个家长。

家长对班主任的工作有些看法甚至出现干涉是正常的、难免的，我们不应对此耿耿于怀。重要的是我们能否把我们工作的目的和效果，至少是一部分，用可见的方式呈现出来。那样，家长的意见自然会消失，干涉也就不存在了。战国时期，张仪、苏秦等一大批纵横家凭三寸如簧巧舌，游说各方，我们班主任虽没那样的口舌，但"用事实说话"可能是比纵横家的游说更有效的方法。

（刘述森，山东省胶州市特殊教育中心；高慧玲，山东省胶州市胶东办事处

胶东小学）

案例

显性载体，隐性传递

时代变化，对教育过程的关注，对教育结果的期许让更多家长参与到具体的教育教学和日常管理当中，他们对班级常规、任课老师、校园活动、考试成绩等有着强烈的知情需求、选择需求和结果需求。班主任就是家长实现这些需求的窗口，也是传递学校办学和自我带班理念的通道。

我班学生家长的年龄在 40 岁左右，而我是毕业至今才任职一年半的年轻班主任，因此他们眼中不免有质疑的目光，"这老师真年轻""这么嫩能带好班吗"。和他们沟通，的确面临着较多困难。且不谈态度上要不卑不亢，有时候就算再自信，面对强势的家长或者急切的关注，我也只能强装镇定，不愿正面交锋。传递带班理念，个别沟通家庭教育问题，谁愿意听一个毛头小子的。

话要说，事要做，理念更要传播。班主任的思路对班级发展起着主导作用，在这一点上必须得到家长的配合，家校同心协力。摆在年轻班主任面前有一条可行之路，就是利用显性载体进行隐性渗透。通过各种媒介，营造契机，完成信息和理念的传递，避免正面沟通时的年龄差距、观念差异、信任缺失等问题。

加后缀点睛——用一句话传递教育理念

每学期一次的家长会是班主任与家长沟通、传递教育教学理念的最好契机。我通常会准备一本家长会资料，内容涵盖教育教学的各个方面，有班级常规管理、班级文化建设、学习成长小组、考试成绩、荣誉之光、参考资料等，很全面也很充实。但为什么要把这些呈现给家长呢？班主任到底要传递什么信息？家长看了之后又会有什么思考和收获呢？他们可能希望找到自己孩子的名字，看看成绩是否优秀，平时有没有受到老师表扬——在一般的资料中，家长们常常只有"好"与"不好"的直观感受，而不知道"好"在哪里，"不好"应该怎样引导？基于此，我尝试在家长会资料的每一个模块后面加上一句话，借此表达我的带班理念。

学习成长小组——独乐乐不如众乐乐，成长的路上，我们手拉手、心连心

作为班级教育教学的抓手和载体，学习成长小组不是简单的捏合，而是让学生学会合作，学会分享，形成合力，互相关怀，长短互补。

班干部名单——服务同学、服务班级、成长自我

班干部工作不是耽误时间的瞎忙活，而是在培养责任意识、服务意识，并在此过程中实现自我成长。

荣誉之光——让优秀成为一种习惯

弘扬正面典型，记录学生的每一个闪光点。学习的意义在于变得更优秀。

班级阶段小结——三省吾身，见贤思齐

总结每月优缺点，提出具体举措。要关注班级和学生的过程性教育，不能只盯着结果。

光荣榜——我们争当英雄，但绝不以成败论英雄

考试成绩总结，学生争当优秀，但落后并不可怕，一次考试不能决定成败。家长应该理性引导和评价孩子。

班级研究性学习课题表——学习研究方法，培养探究精神

不能简单应付，随意拼凑。研究性学习不是耽误时间，而是对学生探究精神的培养，在此过程中掌握基本的研究方法。

……

每一件事都有其教育目标，我们不是为做而做，而是有目的地做，有方法地做，更要把这些理念传递给家长，让家长一起来做。一句话看似不长，但结合具体举措和详细数据，实则信息量很大。班主任的每一个理念通过这一句话得以传递，家长也能感受到班主任的用心，这样再沟通、再配合就有了理念基础和情感基础。

让照片说话——用空间影像呈现教育颜色

因为工作，家长不能随时随地来学校；出于礼节，家长也不会经常向老师打电话问询。但他们真切希望知道孩子在学校经历的点滴。因此，我利用网络上传学生校园生活的照片，组成系列相册，并附上照片描述，让无声的照片说话。

比如学习成长小组建设。我让班级参加了摄影社的学生一试身手，利

用课余时间，为小组拍摄写真。照片中的学生们或跳跃，或欢笑，或搞怪，每一个孩子的个性都得以展现。他们的笑容传递着"我在学校生活很好，在班级和同学相处很和谐快乐"的信息。这样家长还会过分担心宿舍条件好不好，同学好不好相处吗？他们只会想办法让班级更好，更加呵护这个班级的和谐与稳定。

再比如学生参加军营生活体验、体育节、艺术节等校园文化活动时，我不仅要上传班级合照，还尽量保证有个人特写——军训时坚定的眼神，跳远时腾起的身姿，搬道具的场务，默默打扫卫生的背影等。这些传递给家长的是，班主任既关注班级整体，也善于发现每个学生的闪光点，求同存异，尊重个性，真正关注每一个学生的成长。

照片无声，但是照片中人物的表情和动作有着丰富的潜台词；照片无言，但画面的选择反映着拍摄者的态度。

以文字传情——用班主任手记化解家长疑虑

我有写班主任手记的习惯，一来记录班级的点滴；二来表达自己的情感；三来发给家长，让他们知晓情况。我把真实的情感体验注入文字，再通过文字传递给家长。

刚参加工作就担任班主任，我心中没底，家长们也在观望疑虑。第一周，我选择如实表达和记录：

我很幸运自己遇到了这样一群活泼乖巧、坚强懂事又敏而好学的孩子，感念于自己将带着他们一起乘风破浪，披荆斩棘，勇攀高峰。

……

青春，从这里起飞。万里长征，我们走下了坚实的第一步，百尺竿头，蒸蒸日上，我们并肩同行。值此中秋佳节，我衷心祝愿各位家长节日快乐，阖家幸福！祝愿1412班每一名学生健康成长，学有所成。

　　家长们第一次看到班主任的手记，顿感新鲜，纷纷留言。尤其是在第一周班主任就能叫出所有孩子的名字，并把孩子的特点如数家珍地说出来，家长们的心中自然会放心不少。

　　刚开学，家长们迫切地想知道新学校的环境如何，孩子生活状况如何。于是第三周手记里，我摘录了学生的随笔和我的感受：

　　随笔里，他们谈论最多的，莫过于初中时的好友、学校多彩的校园文化和开放的学习氛围。比起初中严格、程式化的管理，高中的外教课、兴趣课，足量的音体美、心理课让他们感受到扑面而来新鲜感；学习上强调自主、合作的模式也让他们更加认识到发挥主观能动性的重要，正如一名学生所说："老师不再像以前一样一步一步跟着你、要你学，而是让你明白如果你不主动学，就跟不上老师的步伐。"还有丰富多彩的社团文化，让他们感受到课本外绚烂多姿的生活。今天正好是学校的社团招新，电影协会、音乐社等成了班上同学的热门选择。阳光明媚的下午，同学们一张张开心、满足的笑脸是那样的感人。

　　高中的课程设置、教学内容都与初中有着较大差异，学生的思路也要跟着转换，家长也要逐步适应。这段文字既传递了学校的办学理念，也明示了家长调整的方向。

　　期中考试，孩子们成绩不佳，家长对师资、校园活动频率、学生干部等提出了疑问，态度也很急躁，个别家长的话甚至比较尖锐。第一次当班主任的我，也面临着信任危机。于是，我写下了第十周的手记：

　　第一次考试，共测试语文、数学、外语、物理、化学五门，成绩揭晓，有人欢喜有人忧。不少同学对比自己初中的成绩，纷纷摇头，直呼不解："我初中有几个A+，怎么现在考成这个样子了呢？"有的同学似乎早预计到了什么，老师找来谈话，一开口便说："这个成绩我预料到了，这个月实在是不在状态，给我一个月时间，我好好调整。"有些同学则知道自己在做什么，每天都显得有条不紊。其实，这一次的成绩是最真实的，是每一个同学的底子与进入高中后适应状况的真实体现。

学校一贯注重培养学生"自主、合作、探究"的学习能力，这些也是今后进入大学同学们所必须具备的基本素质。因此，高中老师更强调学生要能自己跟得上，主动思考、主动提问、主动学习，互相帮助，有钻研精神。孩子们像鸟儿一样，被关在笼子里太久了，突然放出来，却不知道怎么飞了，有的甚至直接掉到了地上。可能我们会惊慌失措，但如果不勇敢地飞，翅膀怎么会硬？因此，这些都不能算作失败，毕竟现在还不是一飞冲天的时候，摔一两次，蓄力一两回，还害怕没有展翅翱翔的那一天吗？

分数固然重要，但分数背后的原因更重要。阶段测验之后更需要对自己的学习进行一次阶段的分析与总结。换了环境，换了对手，高中的学习是一次重新定位，调整好心态，找准自己的方向，才能找到属于自己的位置。

周记里我引导家长们排除外在因素，将目光集中到孩子初高中的转换和自身的学习态度上，并且委婉提醒家长教育不能急于求成。家长们看到周记后，不再向班主任和任课老师发难，开始分析孩子自身的问题。都不推卸责任，才能对症下药。抱着静待花开的心态，班级的发展也越来越好，家长更加支持班主任，支持任课老师，支持班级。

加后缀点睛，一句话往往意味深长；让照片说话，一个动作和表情往往无声胜有声；用文字传情，一篇手记能让疑虑烟消云散。教育的途径是多样的，抓住契机，创设情境，善用隐性渗透的方式，传递班主任教育的理与情，让家校沟通的效果最大化。

（李钊，湖南师范大学附属中学）

把理念讲出来

案例

当家长们要求罢免纪律委员时

都说中途接班事情多，这不，开学一个月后的例行家长会上，就出了意外。

有家长提出："听说班里有个小强，与别班学生打架，学校也给了处分，可为什么还让他担任纪律委员啊？他能够起好带头作用吗？你这样的话，还怎么带班级啊？"

问题一出，家长们纷纷附和，会场顿时热闹开了。

事情是这样的。

我接班的第四天中午，刚刚吃完午饭，就有老师告诉我小强和其他班的学生在餐厅打架，已经被带到政教处了。

对于这个小强，我有印象，上任班主任交班的时候，特别提到过他，说这孩子有正义感，成绩虽然一般，可管纪律还是挺不错的。

了解情况后得知，原来吃饭排队时有学生插队，小强提醒他们，没想到插队的学生态度蛮横，还骂了脏话，小强就先出手，打起来了。

我认为这事不算严重，批评和安抚他一番，就让他上课去了。

第二天，学校出了通告，"各打五十大板"，给插队的两个学生警告，对小强则通报批评。

按说，受到学校处分的小强，是不适合继续担任班委的，可是，这样简单地把他换掉，真是好的处理方法吗？考虑了很长时间，我决定还是让小强继续担任纪律委员，并在班上做了简要说明。

没想到，今天这个问题被家长提出来了。怎么办？

把我的想法和家长们进行深度沟通，如果家长不同意，就撤掉小强的纪律委员，也算顺理成章。可是，这真的是好方法吗？

突然，我瞥见坐在角落里的小强家长，从家长局促不安的举动上可以看出家长心里也不好过。

我深吸了一口气，然后说："家长们，你们的意见我都知道了。也许是我考虑得不够周全。这样吧，我再考虑一下，然后把意见发到我们班的 QQ 群上，怎么样？"

我感觉到，小强的家长舒了一口气。

随后，我把意见发在了 QQ 群上。

各位家长：

感谢你们对我的信任。

小强同学是犯了一点儿错。按说，犯了错是不适合继续担任班委的。不过我想，学校是教育人的地方，如果每个学生只要犯了一点儿错误，就严厉处罚，看似公平合理，但对学生是否太残忍了？"人非圣贤，孰能无过"，一个人摔倒了，难道我们不应该伸手扶一把吗？

学校是让学生成长的地方，做班干部也是对学生的一种锻炼和教育。我们选班干部不是非要选出道德完美、品质高尚、能力超群的人。

把小强同学换掉是很简单的事情。但请大家想想，如果小强是您的孩子，您会怎么想？难道忍心因为一个小小的"错误"，就使孩子一蹶不振甚至背上沉重的包袱吗？

期待和各位家长做深入的沟通和交流。

很快，家长纷纷回话了。有的说："我们只是站在严肃纪律的角度，没有考虑小强的感受和利益，确实有点自私。"有的说："老师的话有道理，我们自己的孩子犯了错，都希望给他一个机会，为什么对别的孩子就不能宽容一些呢？"有的说："支持老师的处理结果。"

小强的爸爸也私信我："老师，我不知道说什么才好。我本以为您会严厉惩罚他，结果您还给了他机会。我把您的留言给孩子看了，孩子哭了。他说，他一定要改正缺点，当好班委，还要把学习成绩提上去。"

第二天早上来到学校，看着小强在组织大家早读，我觉得今天的阳光格外灿烂！

（王海，四川省都江堰市中兴镇青城山高级中学）

善用沟通解决问题

感谢信背后的故事

校园网站上刊登了一封家长来信，是小雅的妈妈写给我的。信写得不长，也没有华美的辞藻，但字里行间满是一个母亲的真挚感激之情，犹如三月的阳光，给人一种惬意的温暖，也将我的思绪拉长，让我回想起这封来信背后的点点滴滴。

小雅是我的学生。她皮肤白皙，头发微卷，眼睛大大的，睫毛长长的，安静的时候给人一种很乖巧的感觉。

但是，这样一个有着诗情画意般的名字、看上去漂亮斯文的女生，却是一个不折不扣的"问题学生"：性格孤僻，几乎不与同学正常交流；成绩垫底；个人卫生一塌糊涂，每天都要扣寝室评比分；有暴力倾向，开学才几个星期，就几次把室友的脖子掐出了手指印……

　　我忍耐了几个星期，决定要和小雅的家长谈谈。没想到，小雅的妈妈先给我打了电话："廖老师，小雅这孩子太不像话了，她在家里口口声声骂姥姥姥爷老不死的！以前她还怕我，现在我的话也越来越不听了，老和我唱反调！您帮我教训教训她。"我说："我也正想找您了解情况呢。"于是，我把小雅在学校的表现向林妈妈讲述了一番。她听了似乎并不惊讶，"哦"了一声又继续向我诉苦，说她一个女人把女儿拉扯大多不容易，自己上班压力大，女儿却越大越不省心。她说得很快，近乎自言自语般讲了一大通后就"啪"的一声把电话挂了，我竟然再无插嘴机会。

　　我握着电话呆了几分钟，心里涌上一丝不快。

　　冷静下来之后，我意识到必须对小雅的问题重新思考。本来我想从林妈妈这里对小雅做进一步的了解，然后寻求她的配合甚至帮助。但这个电话提醒我：林妈妈的教育本身可能就有问题，我需要做的不仅是和孩子沟通，更是和家长沟通。

　　翻出学生花名册，找到小雅那一栏。上面的信息显示：母亲，林巧；职业，导游。父亲，去世。小雅是单亲家庭，这个信息我是开学时就知道的，但不知为什么，我总有种怪怪的感觉。

　　正当我琢磨小雅的家庭关系，思考和林母的沟通办法时，林妈妈的电话又打过来了，这一次她是来质问我的。她说："廖老师，你怎么能让别的同学不和我孩子交往呢？你这不是歧视我家孩子吗？还有，你说我家孩子早恋，你有证据吗？她才十四岁，'早恋'这个词是对她的侮辱！"林妈妈一顿噼里啪啦，尤其在说到"早恋"这个问题时，言语中充满令人难以理解的愤怒。末了，她还丢下一句："我要到你们校长那儿去告你，我要求换班主任！"尽管我并非一个没有经验的班主任，但这样直面一个家长的尖锐指责，却还是头一次。情急之下，我几乎乱了方寸。但我知道，如果我用同样的声调对林妈妈说"你的女儿在学校惹了多少麻烦你不知道吗？我在小雅身上花了多少时间和精力！我问心无愧，你上哪儿告状都行！"，那么谈话一定会不欢而散。虽然家长的责难让我内心深感疲惫和委屈，但我依然提醒自己：保持冷静！"非暴力沟通"不会使结果变得更坏！

在林妈妈近乎咆哮般的责问结束后，我用平静的语气对她说："我感到你很愤怒。自己的孩子受到了老师的歧视和同学的排斥，任何母亲都会难过会生气。我能理解你的心情，因为我也是一个母亲。"（说出客观观察结果，将心比心，认同对方的感受，这样至少不会使矛盾继续升级。）

她似乎没想到我会是这样的回应，愣了下说："说得好听，为什么做起来又是另一套！"

"您可能误会了，我从未让别的同学不和小雅交往。小雅只与一个性格相近的女孩走得很近，我劝她们应和更多的同学交流，不要局限于小圈子。这些话也是当着她俩的面说的。我希望她们都能开朗一点儿、阳光一点儿，我觉得两个性格孤僻的孩子组成小团体并不是好事，你说呢？"

"是这样吗？"林妈妈依然是怀疑的口吻，但语气有所松动。

"是的。但是您刚才的话也让我迅速反省了自己的做法。小雅一定是太害怕失去她心目中唯一的朋友，才会对老师的话产生误解。应该说，我过于考虑自己的教育目的，忽略了她的内心对朋友的渴求，我的做法确实也要改进，谢谢您提醒了我。"（降低姿态，承认自己的不足，真诚表达自己的感受。）

"如果是这样的话，那也没什么。可是早恋又是怎么回事呢？"小雅妈妈刚缓和下来的语气在提到"早恋"这个词时又变得尖锐起来，仍然带着一种夸张的激动。

"小雅和班上的某名男生走得很近，最近有很多关于他们暧昧关系的传言，因此我才找了小雅谈话，当然也说了一些关于早恋方面的话题。我并未认定他们就是早恋，只是想防患于未然也是有必要的。我发现您提到这个问题时特别激动，我想知道您有什么想法或建议。"（陈述客观事实，不加主观评论，并试图从林妈妈这里找到问题的缘由。）

没想到我这句话无意中打开了林妈妈的话匣子，在她将近十分钟的叙述中，我不但知道了她为什么那么介意提到"早恋"这个词，也明白了小雅的个人信息中，为什么"父亲"那一栏写的是"去世"。怎么说呢，小雅的爸爸其实并未去世，只是小雅从来没有见过自己的父亲……

　　我用真诚消除了小雅妈妈对我的误会，换来了她的信任，也获得了更多有效信息。从她的倾诉中，我得知：作为单亲妈妈，由于生活压力大，她不时把身边的人当作了出气筒，事后自己也很内疚。

　　第二天，我找小雅谈心。我跟她说起妈妈生活的艰辛。我说：“你也慢慢长大了，应该知道妈妈的一些难处。可能她的心里有过一些阴影，有些不快只能对着最亲近的人宣泄。”小雅安静地听我讲完，没有辩驳，也没有赞同。当我提出想听听她的想法时，她顿了顿问道：“老师，如果她的心里曾有阴影，为什么现在她要让我的心里也留下阴影呢？她说我对姥姥姥爷不尊重，可我就是学她的啊！我考试考得不好，大冬天她就把我关在门外，不许进屋。我只好到商场里去逛逛，吹吹暖气……”

　　我很震惊，也很难过。震惊于一个十四岁的小女孩却说出这样一段沧桑的话，特别是那句“如果她的心里曾有阴影，为什么现在她要让我的心里也留下阴影”；难过的是本应亲近的母女却在彼此伤害。我意识到问题的根源还是在林妈妈。

　　考虑良久，我给林妈妈写了一封信，详细介绍了和小雅的这次谈话。很快，我便收到了她的回复，她的震惊不亚于我，并约我面谈。我们之后经常见面，在交谈中我将非暴力沟通的方法介绍给她。不久，她对我说：“尝试用非暴力沟通的方法谈话对我来说不是件容易的事情，但在坚持中，我感到内心慢慢变得平和。我看到父母和女儿脸上的笑容渐渐多起来了！这样的快乐可以弥补一切！”

　　在感谢信中，她写道：“我无意中发现女儿在日记中称廖老师为‘廖妈妈’，那一刻，我泪如泉涌。”看到这句话时，我的眼睛也蒙眬起来，心里却清晰地传来一阵花开的声音！

　　　　　　　　　　　　　　　　　　　（廖美华，湖南省长沙市明德麓谷学校）

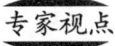专家视点

善于沟通　化干涉为合作

　　学生难教、班主任难当是现在中小学教师的普遍感受，特别是那些担任过班主任甚至常年担任班主任、有过切身体验的老师们。在被社会各界广泛"批判"的基础教育现实中，作为班主任，说起其中的"苦楚"更是一言难尽。而其中似乎令人不可思议的是，很多让班主任感到不胜其烦的各种难题竟然来自"同样也是为了学生好"的家长们。"不怕学生出问题就怕家长出'难题'"的说法，常会在中小学班主任中引起共鸣。

● 一　家长"干涉"的根源

　　班主任和家长确实都希望孩子好，但其中却有着很大不同——班主任主要是从专业角度希望班里所有学生都能在各科学习、身体素质、道德品质、行为习惯等全方位地得到不同程度的提高；而家长最关心的是自己的孩子，希望自家孩子在学校通过老师（特别是掌握着较多班级管理资源的班主任）的重视得到保质保量的教育，并优先确保自己孩子的发展良好（有时甚至不免希望通过班主任老师的特别关照而超过班里其他学生）。

1. 家长的焦虑
　　尽管当前中小学教师（班主任）们一般都受过多年的专门教育和专业化培训，具有教育改革的新理念、新方法。可从家长角度看，当孩子上

学后，面对几十名在家中受到全方位照料的孩子们不得不在同一个班级里分享有限的教学资源的情况，很多极度"负责"的家长就不由得处于极度"焦虑"状态。他们常因爱子心切，而以自己早年受教育的经历中总结出的各种经验来"要求"老师——"本来孩子年龄小容易分心，老师把他的座位排得那么靠后，他怎么能专心听讲？""我孩子各方面都表现不错，尤其喜欢音乐，想做文艺委员，老师却不选他，让孩子受了打击，怎么办？""我孩子总是受 ××× 欺负，老师要给孩子调座位不能和他坐同桌""老师应该尽量在每节课上给我孩子一次发言的机会，让他更注意听讲和锻炼他当众讲话的勇气"……

通常情况下班主任在听到家长诸如此类的"要求"时，也会耐心地给予解释。但更多时候班主任的工作非常忙碌，除了日常的教育教学外还有各种检查、竞赛、组织活动以及处理几十名学生出现的各种各样问题。这些工作和问题已让没有三头六臂、只能以一己之身应付那么多事情的班主任深感"压力山大"，如果再不断地听到家长要求班主任这样做或那样做，那么，班主任就会觉得自己不被家长信任和理解，家长的种种要求和做法影响、干涉到了自己的正常工作。再想到自己对几十个非亲非故的学生花费了那么多时间和精力，甚至放学后、节假日休息期间都常为学生们费神，不仅得不到家长的理解和感谢，反而不断面对家长给自己出的"难题"，班主任难免会感到心烦，甚至产生负面情绪——"孩子是你们家长的，又不是班主任的"；你们家长为教育孩子付出再多也是应该的，而班主任只是出于职业需要来教育孩子，只要根据要求将该教该管的都管教过了，不管孩子未来发展如何，最后得益或操心的还是家长；为了孩子的未来，家长责无旁贷，班主任不过是尽职而已——孩子好你不用感谢我，孩子不好你也别埋怨我。而当班主任流露出这种情绪时，没有受过专门教育培训、教育孩子不知从何做起的家长就会更加焦虑，越加对班主任寄予过高期望——将孩子交给你，全凭你教育——倾向于更多地向班主任提"要求"，从而形成恶性循环。

2. 班主任的困惑

在教育实践中，受过多年专业教育培训的班主任难免倾向于随时随地用同一种"正确"的方式对待来自几十个不同家庭的学生及其家长，因而经常会听到有些家长抱怨："无论你是谁，参加小学家长会，就变成了小学生；参加中学家长会，就变成了中学生。"很多从事教书育人工作的教师，自身是非观念分明、对错意识强烈，对待学生也常常是"眼里揉不得沙子"，并习惯性地对学生进行"优良中差"的划分，不免一厢情愿地希望所带班级的学生个个都是同一标准的"优等生"——容易接受自己所讲的道理和知识，努力向上、中规中矩、学习成绩优秀。而那些不懂"道理"、调皮捣蛋成绩又差的学生自然就沦为老师眼中的"差等生"。尽管教育部门严厉批评了让学生带"绿领巾"的做法，但班主任出于种种客观原因和主观习惯往往还是不自觉地在心里对学生有所划分，并在日常教育教学中流露出来。特别是当面对那些成绩差又不太服管教的学生的家长时，不免将其作为"泄愤"对象，发泄怨气、数落学生的种种错误。并且，为了使问题迅速得到解决，班主任常常忽视了学生和家长的感受，结果导致家长在班主任面前忍不住怒斥甚至打骂孩子，孩子因此在心里产生了抵触情绪，情况不仅难以好转，有时甚至变本加厉。

哪个家长不希望自己的孩子有出息，特别是只有一个孩子的家长，有时不免对学校、对老师、对班主任寄予过高的期望。一些家长由于缺乏成熟的教育观，将教育孩子成才的期望寄予学校和老师，为此，他们一方面为了进入"好"学校，争取有限的"优质"教育资源而不惜重金给孩子报各类辅导班、买学区房；另一方面对班主任言听计从，班主任安排的各项活动经常是全家齐上阵竭尽全力给予"配合"，甚至对于班主任某些不符合教师规范的行为也多采取忍耐态度，以期自己的孩子在班里能得到更多"关照"。而当孩子的表现不尽如人意时，内心便感到失落；如果孩子在学校又常受到老师批评，一旦老师批评的语气比较严厉，或方式不太恰当，护子心切的家长便会对班主任产生不满情绪而抱怨，或提各种要求干涉班主任的工作，使班主任工作陷入"困境"。

🎓 良好沟通：解决问题的关键

首先班主任应树立正确的教育观念：每一个孩子都在不同的时间里以他自己的速度和方式发展自我，并不存在完全一致的正确途径和方法；学生某门学科成绩不好不代表他学习差、不努力；学习成绩差也不代表学生没有其他优点，现在调皮捣蛋不代表将来没出息……。应以平和的心态对待同一个班级里的每一个孩子，即使是表现欠佳的学生，也要多看到他的闪光点，而不是盯着缺点总想向家长"告状"，导致家长和班主任互相埋怨彼此"没把孩子教育好"。

班主任也不能以同一个自认为"正确的"模式对待家长。其实，不仅班里的学生们个个有自己的思想、自己的个性，家长们的情况也总是形形色色。班主任应根据学生和家长的不同特点有区别地对待他们，尽力为孩子健康成长、良好发展提供个性化帮助；以尊重家长的态度真诚地与家长交流，特别是对那些家庭、工作中有特殊情况的家长更应予以重视和帮助，以争取家长们的广泛理解和信赖。将家长的"干涉"变为合作的关键在于班主任应善于与不同类型的家长进行良性沟通。

1. 及时交流

当今网络的普及使通信越来越便捷，中小学都开通了"家校通"，班级也多有老师和家长联系的微信群，班主任应充分利用这些便利条件让家长尽可能及时了解孩子的在校情况，以小视频、影像、图片、文字等多种形式让家长们更加全面地了解班级整体的日常教育教学情况以及孩子们学习的过程，适度缓解家长们只重视学生分数的焦虑，同时也让家长们对班主任的工作有更加全面的了解，从而增进相互间的理解。

班主任也可以通过"家长义工"等方式将家长请到班级里，在关注全班所有孩子而不是仅仅关心自己孩子的基础上，参与到班级的一些教育工作中来：讲故事、开展课余讲座、放学帮助班主任护送学生等。在参加这些活动的过程中，家长们可以通过"换位思考"体会到班主任工作的辛苦，感受到班主任试图以一己之力尽量给予所有孩子关注是多么不容易。

2. 善待家长

家长因从事的工作各不相同，性情各异，人生经历也千差万别，因此在与班主任交流过程中，会有非常明显的差异表现。对于那些通情达理的家长，班主任与其建立起互相尊重的关系相对比较容易；而对那些平日比较溺爱孩子、容易听信孩子一面之词就来"为难"老师甚至胡搅蛮缠的家长，班主任也应尽量克制自己的情绪，对家长提出的问题以"专业化"的方法策略进行处理，来赢得家长的尊重。比如，一位家长听自己的孩子说受了同桌的欺负，就气势汹汹地找班主任要求"必须"给孩子调座位。班主任当时并没有指责家长太冲动，而是在了解了两人闹别扭相互贬低的具体情况后，通过自己所掌握的儿童心理学知识，对孩子进行正面教育：先让两个孩子互相说出对方的几个优点和帮助过自己的事情，然后想出自己应向对方学习的地方，促使两人和解，最后又给他们布置作业——每天放学时总结出自己应向对方学习的三个长处。这样坚持几天后，两个孩子和好如初。家长很佩服班主任的处理方式，从而加深了对班主任的信任和尊重。

3. 换位思考

班主任与家长之间交往的出发点和目的不外乎是为学生着想，也就是说，不管是家长"干涉"班主任工作也好，还是班主任的做法令家长"反感"也好，他们发乎内心的本意是一致的——都希望学生好。可为什么最后的结果常常不尽如人意，关键还在于我们常会让对方感到我们是将自己"为学生好"的方式"强加"给对方的。

在与家长交流过程中，班主任不仅要及时让家长全面地了解自己工作的辛苦，更要主动地换位思考。不能一味地强调在教育学生方面自己做了多少，家长也应该做到哪些，否则就会对家长有怨气，或者不无威胁性地

"警告"家长,如果孩子教育"失败",全由家长负责,原本的"好意"让家长感受到的却是"敌意",从而引发家长的"防御性"对抗或干涉。比如,班主任对单亲家长说,对这种单亲家庭的孩子伤透了脑筋,家长应抽出更多时间关注孩子。引得家长抱怨:谁愿意让孩子是单亲,我自己带孩子的难处班主任考虑过吗?我照顾孩子的家庭生活,孩子在学校时,把孩子教育好就应该是老师的责任,"教不严、师之惰",甚至挑刺指出班主任教育的许多不足等。另外,班主任因面对全班同样大小的几十名学生,难免会在心里对不同的学生进行横向比较,并希望那些有差距的学生尽快赶上来,自然,见到家长不免就急于告诉他孩子在哪些方面表现不够"好",而家长听到关于孩子的这些负面信息特别是与自己的感觉相差较大时,往往一时很难接受,认为班主任将自己的孩子"看扁了"。因此,无论对于来自特殊家庭的学生,还是来自一般家庭的学生,班主任在与家长沟通时都应首先鼓励家长多与自己交流,进行换位思考,理解家长的不易,尽量对每个学生多做纵向比较,看到他成长过程中的进步,毕竟再调皮捣蛋的学生也有独特的闪光点。

无论如何,班主任和家长的共同目的是一致的,班主任要以真诚的态度、专业的水平和能力,尊重家长,多与家长及时沟通并注意采用适当的方式方法,尽量不去抱怨,不在责任面前争长短,先做到与家长心理相容,让家长时时感受到班主任的善意,在此基础上,班主任的专业能力和水平才容易得到家长的认可和尊重,彼此间才会较为顺利地结成和谐融洽、互相信赖的良性互动关系,变家长"干涉"为家长合作的教育同盟。

(王彦力,天津教育科学研究院研究员)

出 版 人　李　东
图书策划　池春燕
项目统筹　闫　景
责任编辑　彭　波
版式设计　私书坊　郝晓红
责任校对　张晓雯
责任印制　叶小峰

图书在版编目（CIP）数据

家校之间出现矛盾怎么办？ / 赵福江主编 . — 北京：
教育科学出版社，2021.11
　（我该怎么办？：班主任工作疑难问题解决方略）
　ISBN 978-7-5191-2783-1

　Ⅰ.①家… Ⅱ.①赵… Ⅲ.①中小学—班主任—教育
心理辅导—教材 Ⅳ.①G635.16 ②G479

　中国版本图书馆 CIP 数据核字（2021）第 204099 号

我该怎么办？——班主任工作疑难问题解决方略
家校之间出现矛盾怎么办？
JIA XIAO ZHIJIAN CHUXIAN MAODUN ZENME BAN？

出版发行	教育科学出版社			
社　　址	北京·朝阳区安慧北里安园甲 9 号	邮　　编	100101
总编室电话	010-64981290	编辑部电话	010-64989593
出版部电话	010-64989487	市场部电话	010-64989009
传　　真	010-64891796	网　　址	http : //www.esph.com.cn
经　　销	各地新华书店			
制　　作	北京浪波湾图文工作室			
印　　刷	中煤（北京）印务有限公司			
开　　本	720 毫米 × 1020 毫米　1/16	版　　次	2021 年 11 月第 1 版
印　　张	15.75	印　　次	2021 年 11 月第 1 次印刷
字　　数	210 千	定　　价	49.80 元